Friedrich von Bodelschwingh

rororo

rowohlts monographien
begründet von Kurt Kusenberg
herausgegeben von Wolfgang Müller
und Uwe Naumann

Friedrich von Bodelschwingh

Dargestellt von Hans-Walter Schmuhl

Rowohlt Taschenbuch Verlag

Umschlagvorderseite: Friedrich von Bodelschwingh.
Ölgemälde von Wilhelm Zimmer, 1906
Umschlagrückseite: Friedrich von Bodelschwingh als Student,
um 1850
Blick von der Promenade an der Sparrenburg auf die Gebäude
der Betheler Anstalten im Kantensiektal, 1910

Seite 3: Friedrich von Bodelschwingh bei einem Spaziergang
durch Bethel, 1909. Versehen mit der Grabinschrift Bodelschwinghs,
«Weil uns Barmherzigkeit widerfahren ist, darum werden wir
nicht müde», wurde diese Fotografie zu Werbezwecken vervielfältigt.

Originalausgabe
Veröffentlicht im Rowohlt Taschenbuch Verlag,
Reinbek bei Hamburg, Oktober 2005

Umschlaggestaltung any.way, Hamburg,
nach einem Entwurf von Ivar Bläsi
Redaktionsassistenz Katrin Finkemeier
Reihentypographie Daniel Sauthoff
Layout Gabriele Boekholt
Satz PE Proforma *und* Foundry Sans *PostScript,*
QuarkXPress 4.11
Gesamtherstellung Clausen & Bosse, Leck
Printed in Germany
ISBN 3 499 50687 4

INHALT

Konservative Ziele, moderne Mittel. Wie kaum ein Zweiter prägte Friedrich von Bodelschwingh die evangelische Diakonie des 19. Jahrhunderts. Fotografie aus den 1870er Jahren

Ein «weißer Revolutionär»

Als das ZDF seine Zuschauer im Jahre 2003 aufforderte, die hundert größten Deutschen zu wählen, da setzten sie Friedrich von Bodelschwingh immerhin auf den 73. Platz. Wahrscheinlich hätten nur wenige etwas über seine Person sagen können, aber sicher kannten alle die v. Bodelschwinghschen Anstalten Bethel. Gemeinhin gilt Bodelschwingh als ihr Gründer – zu Unrecht: Die Rheinisch-Westfälische Anstalt für Epileptische bei Bielefeld wurde 1867 gegründet, erst 1872 übernahm Bodelschwingh ihre Leitung.

Doch markierte seine Berufung den entscheidenden Wendepunkt in ihrer Entwicklung.[1] Das neue, 1873 fertig gestellte Pflegehaus sollte ursprünglich nicht mehr als 150 Kranke aufnehmen. Bei Bodelschwinghs Tod im Jahre 1910 war daraus jedoch eine Kleinstadt von über 4000 Einwohnern entstanden. In mehreren Dutzend Pflege- und Krankenanstalten wurden über 2000 «Pfleglinge» betreut. Etwa 1250 Diakonissen und 450 Diakone taten in Bethel – und weit darüber hinaus auf auswärtigen Arbeitsstationen – Dienst. Hinzu kamen Zweiganstalten in der Senne und im Diepholzer Moor, außerdem die Hoffnungstaler Anstalten bei Berlin und die Bethel-Mission in Ostafrika.

Dieser erstaunliche Expansionsprozess ist auf das rastlose Wirken Bodelschwinghs zurückzuführen, muss aber auch vor dem Hintergrund des beschleunigten sozialen Wandels in der zweiten Hälfte des 19. Jahrhunderts gesehen werden. Im Deutschen Kaiserreich kam es zu einer Welle von Anstaltsgründungen. Der säkulare Modernisierungsprozess, der Deutschland in den Jahrzehnten zwischen der Reichsgründung und dem Ersten Weltkrieg mit unausweichlicher Gewalt überrollte, sprengte die gewachsenen Strukturen der Gesellschaft. Industrialisierung, Binnenwanderung und Verstädterung führten vermehrt zur Aussonderung von Menschen, die aufgrund von Krankheit, Behinderung oder sozialer Benachteiligung dem Konkurrenzdruck nicht gewachsen waren. Der erst im Entstehen begriffene Sozialstaat war mit dieser Zusammenballung von Problemlagen ebenso überfordert wie die überkommenen Netzwerke der Familie, Nachbarschaft, Gemeinde oder Stadt. Neue Lösungen mussten gefunden werden.

Bodelschwingh stellte sich der Herausforderung der Moderne, der er aus der Perspektive einer erwecklichen Frömmigkeit mit tiefer Skepsis gegenüberstand. Bethel sollte beispielhaft vor Augen führen, wie eine Gesellschaft aussehen könnte, in der die Kräfte der inneren Mission die Säkularisierung überwunden hatten.[2] Die vom Staat abhängigen evangelischen Landeskirchen erschienen Bodelschwingh zu unbeweglich, um auf die Herausforderungen der Zeit angemessen reagieren zu können. Deshalb stellte die Unabhängigkeit der inneren Mission von der verfassten Kirche für ihn eine wichtige Voraussetzung erfolgreicher «Reichgottesarbeit» dar. Bodelschwingh war «konservativ, antiliberal, antisozialistisch, beileibe kein Demokrat, vielmehr Anhänger patriarchalisch-autoritärer und ständischer Ordnungsvorstellungen»[3]. Seine Loyalität zum Hohenzollernhaus war unerschütterlich. In praktischen Fragen war er hingegen immer wieder zu überraschenden Schritten fähig. Als er 1907 für seine Initiative zur gesetzlichen Regelung der Wandererfürsorge Unterstützung suchte, sprach er auch bei August Bebel vor, dem Führer der Sozialdemokraten.

Bodelschwingh war ohne Zweifel eine charismatische Persönlichkeit, ein warmherziger Seelsorger und beeindruckender Prediger, ein gewandter Publizist und einfühlsamer Pädagoge, ein «Seelenführer»[4], der es verstand, Menschen für den Dienst in seiner Anstaltsgemeinde zu begeistern. Bodelschwingh war von einer geradezu bezwingenden Empathie, die es seinem Gegenüber schwer machte, sich ihm zu entziehen. Hinter seiner heiteren und milden Frömmigkeit, seinem freundlichen und friedfertigen Wesen verbarg sich ein starker Wille. Er war dynamisch, energisch, fordernd, risikobereit, kreativ, mit wachem Gespür für unkonventionelle Lösungen. Bodelschwingh war ein geschickter Lobbyist und ein brillanter Organisator mit ausgeprägtem Sinn für die Einwerbung von «Liebesgaben», für Fundraising, Pressearbeit und Public Relations. Von dem symbolischen Kapital, das Bodelschwingh ansammelte, zehren die Betheler Anstalten, zehrt die evangelische Diakonie noch heute.

Friedrich von Bodelschwingh gehört nicht eigentlich zu den Gründervätern der evangelischen Diakonie, aber wie kein anderer hat er ihr seinen Stempel aufgeprägt.[5] Man kann ihn – um eine auf Otto von Bismarck gemünzte Interpretationsfigur aufzugreifen – als einen «weißen Revolutionär» bezeichnen[6], der dem Projekt der Moderne mit fundamentaler Kritik begegnete, sich jedoch in dem Bemühen, ihre zerstörerischen Folgen für Ständegesellschaft und Obrigkeitsstaat, Christentum und Kirche aufzufangen, zunehmend moderner Mittel und Möglichkeiten bediente und so zu einem Wegbereiter einer Moderne mit menschlichem Antlitz wurde. Das Lebenswerk Bodelschwinghs hat wesentlich dazu beigetragen, dass die evangelische Diakonie, einst Gegenmodell zur modernen Welt, zu einem Eckpfeiler des modernen Sozialstaats werden konnte.

Kindheit und Jugend (1831–1849)

Kindheit und Jugend Friedrich von Bodelschwinghs fielen in eine kurze Zeitspanne trügerischer Ruhe zwischen zwei Revolutionen.[7] Nach der Julirevolution von 1830 gelang es dem System Metternich noch einmal, die liberale, demokratische und nationale Oppositionsbewegung durch einen harten Repressionskurs, durch Zensur, Berufsverbote und Festungshaft, zurückzudrängen. Im Bürgertum machte sich ein Gefühl der Stagnation und Resignation breit, das häufig zu einem Rückzug aus der Politik in biedermeierliche Gemütlichkeit, ins Innerliche, Private oder Philiströse, in die Kunstreligion, Philosophie oder Wissenschaft führte. Doch unter der glatten Oberfläche der mit eiserner Hand erzwungenen Friedhofsruhe gärte es weiter. Die Verfassungsfrage wurde zunehmend durch soziale und wirtschaftliche Probleme überlagert. Das rasante Bevölkerungswachstum hatte chronische Unterbeschäftigung zur Folge: Die Landwirtschaft, die bis dahin die Bevölkerungsüberschüsse aufgefangen hatte, konnte kaum noch Arbeit zur Verfügung stellen, das Handwerk war hoffnungslos überbesetzt, das Heimgewerbe ging unter dem Druck der aufkommenden Industrie immer weiter zurück. Missernten und steigende Lebensmittelpreise kamen verschärfend hinzu. Armut, Hunger und Krankheit griffen um sich – die Zeitgenossen prägten für diese neue Form des Massenelends die Bezeichnung Pauperismus. In den 1840er Jahren strebte die Krise ihrem Höhepunkt entgegen. Am Ende hatten sich die Probleme derart aufgetürmt, dass erneut eine revolutionäre Situation entstand. Der junge Friedrich von Bodelschwingh erlebte beide Seiten des Vormärz: Er wuchs in der biedermeierlichen Idylle einer bürgerlichen Familie auf, die jedoch ganz unmittelbar in die Wirren der Revolution von 1848 hineingezogen wurde – schroffes Ende einer behüteten Jugendzeit.

Der Vater:
Ernst von Bodelschwingh stieg im Vormärz zum höchsten Beamten des preußischen Staates auf. Die Revolution von 1848 zwang ihn zum Rücktritt von seinem Ministeramt.

Friedrich von Bodelschwingh stammte aus einem alten westfälischen Adelsgeschlecht, das seit Generationen Offiziere und Beamte für den preußischen Staatsdienst stellte. Auch der Vater, Ernst von Bodelschwingh[8], schlug die Beamtenlaufbahn ein. Im Krieg gegen Napoleon erlitt er einen Lungendurchschuss – eine Verletzung, deren Folgen ihn zeit seines Lebens beeinträchtigen sollten. 1822 wurde Ernst von Bodelschwingh zum Landrat des Kreises Tecklenburg in Westfalen ernannt. Die neue Stellung erlaubte es ihm, eine Familie zu gründen. Er heiratete Charlotte von Diest, die der junge Leutnant während der Befreiungskriege kennen gelernt hatte.

Das frisch vermählte Paar bezog eine Wohnung in Haus Mark, einem alten, von einem breiten Wassergraben umgebenen westfälischen Gutshaus unterhalb des Städtchens Tecklenburg. Hier brachte Charlotte von Bodelschwingh – nach den fünf älteren Geschwistern Ludwig (1823), Karl (1824), Frieda (1826), Franz (1827) und Ernst (1829) – am 6. März 1831, einem Sonntag, ein sechstes Kind zur Welt, das auf den Namen

Die Mutter:
Charlotte von Bodelschwingh, geb. von Diest, hatte als Mädchen von einquartierten französischen Offizieren den Spitznamen «la spirituelle» erhalten. Für die religiöse Sozialisation Bodelschwinghs war ihr Einfluss von entscheidender Bedeutung.

Friedrich Christian Carl getauft wurde. Friedrich von Bodelschwingh hatte ein entschieden christliches Elternhaus. Der Vater entstammte einem Milieu, in dem eine mild aufklärerische Frömmigkeit ohne enge biblische Bindung herrschte, doch hatte er sich, wohl vor dem Hintergrund seiner Kriegserfahrung, der eher pietistisch gestimmten, streng bibelgläubigen Frömmigkeit seiner Braut angenähert. «Schlüsselgestalt»[9] für die frühe religiöse Sozialisation des jungen Friedrich war die Mutter.

Einen Monat nach Friedrichs Taufe wurde Ernst von Bodelschwingh als Oberregierungsrat an die Regierung zu Köln versetzt und noch im selben Jahr zum Regierungspräsidenten in Trier ernannt; als äußerst gewandter Verwaltungsjurist machte er eine steile Karriere: 1834 wurde er, noch keine vierzig Jahre alt, zum Oberpräsidenten der Rheinprovinz nach Koblenz berufen. Er war damit «der jüngste Oberpräsident der preußischen Geschichte»[10].

Einen Großteil seiner Kinderzeit verbrachte Friedrich von Bodelschwingh also in Koblenz. Mit großer Wärme hat er sich als alter Mann seiner unbeschwerten Kindheit in dem geräumigen alten Haus mit dem großen Garten erinnert, das die Familie bewohnte. Er sei, wie er freimütig einräumte, alles andere als ein Musterknabe gewesen, unbekümmert, manchmal zu Tagträumen neigend, fröhlich, mitunter in lautes Lachen ausbrechend. Einen tiefen Eindruck hinterließ indessen der Tod seines Bruders Ernst, der im Alter von vier Jahren an «Skrofulose»[11] starb – noch im hohen Alter konnte sich Friedrich von Bodelschwingh an die Beerdigung erinnern. Es war seine erste Begegnung mit dem Tod und Ausgangspunkt der eigentümlichen Sterbefrömmigkeit, die Leben und Werk Bodelschwinghs wie ein roter Faden durchziehen sollte. Erfahrungen mit Sterben und Tod waren zur damaligen Zeit in das Alltagsleben eingewoben: Noch im selben Jahr, in dem der Bruder starb, wurde Friedrichs Schwester Sophie geboren, im Jahr darauf der Bruder Ernst, der den Namen des früh Verstorbenen erhielt. Der Tod blieb in Bodelschwinghs Kindheit gegenwärtig: Zweimal, 1835 und 1840, erkrankte der durch seine Kriegsverletzung besonders anfällige Vater so schwer an Lungenentzündung, dass die Familie mit seinem nahen Tod rechnete.

Zunächst wurde der kleine Friedrich von Hauslehrern unterrichtet, die der Vater nach ihrer christlichen Herkunft und Gesinnung auswählte, wobei er sich an Christian Heinrich Zeller in Beuggen bei Basel wandte, der dort, angeschlossen an sein Heim für vernachlässigte Kinder, ein Armenschullehrerseminar betrieb. Mit acht Jahren kam Friedrich dann in die evangelische Stadtschule in Koblenz. Drei Jahre später siedelte die Familie nach Berlin über – auch für Friedrich begann damit ein neuer Lebensabschnitt.

1842 berief Friedrich Wilhelm IV. Ernst von Bodelschwingh zum preußischen Finanzminister. Zwei Jahre später wurde er zum Kabinettsminister, 1845/46 außerdem zum Minister des Innern ernannt. Damit war Bodelschwingh «zum höchsten Beamten des preußischen Staates»[12] und zu einer der politisch wichtigsten Figuren der drei letzten Vormärzjahre geworden. Freilich: Bodelschwingh war kein verantwortlicher Minister, sondern hatte die vom König ausgegebenen politischen Leitlinien umzusetzen. Hatten sich an die Thronbesteigung Friedrich Wilhelms IV. noch große Hoffnungen auf ein Ende der Restaurationspolitik geknüpft, so zeigte sich bald, dass der König «vom romantischen Konservativismus geprägt» war und «an das Gottesgnadentum des Königs, das Ethos des Patriarchalismus, die ständische Gliederung der Gesellschaft, den christlichen Staat»[13] glaubte. Im Hintergrund zog eine ultrakonservative Kamarilla die Fäden. Allerdings fehlte Friedrich Wilhelm IV. auch die Kraft zu einem harten Restaurationskurs; er blieb merkwürdig schwankend und betrieb eine sprunghafte Politik halbherziger, bald wieder zurückgenommener Konzessionen, die letztlich zu einer Eskalation des Konflikts zwischen Bürgertum und monarchischem Staat führte.

Ernst von Bodelschwingh nahm eine gemäßigt konservative Haltung ein – das monarchische Prinzip stand für ihn außer Frage, es schien ihm aber ratsam, durch kluge Konzessionen in Richtung auf ein konstitutionelles Regierungssystem die liberale und nationale Bewegung an den preußischen Staat zu binden. Angesichts der am Hofe herrschenden ultrakonservativen Kräfte blieb ihm nur, seinen persönlichen Einfluss auf Friedrich Wilhelm IV. in die Waagschale zu werfen, um den Monarchen unmerklich in die von ihm verfolgte Richtung zu lenken. Er tat dies mit einigem Geschick. Und doch war Bodelschwingh letztlich zum Scheitern verurteilt, da er in entscheidenden Situationen wider besseres Wissen die Position des Monarchen vertreten musste.[14]

Die Familie Bodelschwingh machte damals eine schwere Zeit durch: Im Januar 1845 starb der Sohn Karl nach langem schwerem Leiden an «Skrofulose», im Oktober 1846 erlag der älteste Sohn Ludwig den Folgen einer Verletzung, die er bei einem Pistolenduell erlitten hatte. Ernst von Bodelschwingh brach körperlich zusammen und zog sich erneut eine schwere Lungenentzündung zu, sodass die Familie um sein Leben bangen musste.

Auch für Friedrich ging nun die unbeschwerte Kinderzeit zu Ende. Als die Familie 1842 nach Berlin übersiedelte, wurde er zunächst in die Quinta des Joachimsthaler Gymnasiums eingeschult. Trotz allen Fleißes fiel es Friedrich schwer, den hohen Anforderungen, insbesondere im Bereich der alten Sprachen, zu genügen. In der Untertertia war seine Versetzung gefährdet, und so war er heilfroh, dass er mit der Ernennung seines Vaters zum Kabinettsminister umgeschult wurde und auf das Friedrich-Wilhelms-Gymnasium kam. Hier kam er besser zurecht. Friedrich war kein Stubenhocker, er liebte das Schwimmen, Rudern und Wandern, auch das Reiten und Fechten, das zu erlernen zur standesgemäßen Erziehung des Sohnes eines preußischen Ministers gehörte.

In Berlin erhielt Friedrich Zugang zu höchsten Kreisen. Auf eine Anfrage des Thronfolgers Prinz Wilhelm von Preußen

«Zwischen mich und mein Volk soll sich kein Blatt Papier drängen». Karikatur auf den preußischen König Friedrich Wilhelm IV. und seine Haltung in der Verfassungsfrage. Rechts der Prinz von Preußen, der spätere Kaiser Wilhelm I. Holzstich, 1848

Als Schüler in Berlin. Hier wurde Bodelschwingh als Spielgefährte des Kronprinzen Friedrich Wilhelm ausgewählt.

(des späteren Kaisers Wilhelm I.) an die Berliner Gymnasien, für seinen einzigen Sohn, den Prinzen Friedrich Wilhelm, geeignete Spielgefährten zu benennen, wurde auch Friedrich von Bodelschwingh ausgewählt. In dieser Zeit liegen die Wurzeln für das zeitlebens herzliche Verhältnis zwischen Bodelschwingh und dem Kronprinzen Friedrich Wilhelm (dem späteren 99-Tage-Kaiser Friedrich III.) und auch für Bodelschwinghs unverbrüchliche Loyalität zum Hohenzollernhaus. Vor diesem Hintergrund erklärt sich darüber hinaus das unbefangene Selbstbewusstsein, mit dem sich der spätere Pastor von Bodelschwingh selbst in höchsten Kreisen bewegte.

Friedrich lernte aber auch das andere Berlin kennen. An der Seite eines jungen Hauslehrers, der im Auftrag eines Wohltätigkeitsvereins junger Mädchen aus bürgerlichem Hause die Berliner Slums aufsuchte, bekam der junge Bodelschwingh *tiefe Eindrücke von Hunger, Blöße und Elend der Armen, ganz besonders aber auch von dem unbillig großen Abstand zwischen arm und reich*[15]. Im Elternhaus kam Friedrich zudem mit der evangelischen Diakonie in Berührung. Johann Hinrich Wichern und Theodor Fliedner waren des Öfteren zu Gast im Haus des Ministers.

Im Hause Bodelschwingh herrschte ein von erwecklicher Frömmigkeit geprägtes Familienleben. Dazu gehörte etwa die tägliche Morgenandacht, bei der Ernst von Bodelschwingh seiner Familie aus Karl Heinrich von Bogatzkys «Biblischem Gebetbuch» vorlas, einem Erbauungsbuch aus der Schule des Hallischen Pietismus, das in der Erweckungsbewegung wieder entdeckt worden war und das auch Friedrich von Bodelschwingh bis an sein Lebensende begleiten sollte. Diese besondere Frömmigkeit, die nicht den Verstand, sondern das Gefühl ansprach und die Gemeinschaft des Menschen mit Gott in «tätiger Liebe» immer wieder zu erneuern bestrebt war, verbunden mit einem praktischen Engagement für die Werke der Diakonie und einem unmittelbaren Zugang zum Arkanbereich politischer Macht – das war die Atmosphäre, in der Friedrich aufwuchs. Obwohl seine Lebensaufgabe damals noch im Dunkeln lag, wäre er wohl in keinem anderen Elternhaus so gut darauf vorbereitet worden.

1833 Johann Hinrich Wichern gründet in Horn bei Hamburg das Rauhe Haus, ein «Rettungshaus» für verwahrloste Jugendliche, verbunden mit der ersten Ausbildungsstätte für Diakone.

1836 Theodor und Friederike Fliedner gründen in Kaiserswerth bei Düsseldorf das erste Diakonissenmutterhaus Deutschlands.

1843 Wichern verwendet erstmals öffentlich den Begriff «innere Mission».

1844 Wichern gibt mit den «Fliegenden Blättern aus dem Rauhen Hause» die erste Zeitschrift der inneren Mission heraus.

1848 Mit seiner Stegreifrede auf dem Wittenberger Kirchentag gibt Wichern den Anstoß zur Gründung des «Centralausschusses für innere Mission» der deutschen evangelischen Kirche sowie von Landes- und Provinzialvereinen für innere Mission.

Am Ende seiner Jugendzeit stand das Fanal der Revolution von 1848, die der Siebzehnjährige in ihrem Brennpunkt Berlin aus nächster Nähe miterlebte. Für die Familie waren die dramatischen Geschehnisse im März 1848 von einschneidender Bedeutung, führten sie doch zum Sturz Ernst von Bodelschwinghs. Am 17. März überreichte der Kabinettsminister sein offizielles Entlassungsgesuch, um den Weg für einen unverbrauchten Mann frei zu machen. Bevor er sein Amt an seinen Nachfolger übergab, entwarf er noch, in enger Abstimmung mit dem König, das Patent vom 18. März 1848, das nichts weniger als einen Umbau des bisherigen Regierungssystems, die kurzfristige Einberufung des Vereinigten Landtags, die Verabschiedung einer Verfassung und die Umwandlung Deutschlands in einen Bundesstaat unter preußischer Führung versprach. Durch diese politische Kehrtwendung schien – unter maßgeblicher Beteiligung Bodelschwinghs – die revolutionäre Situation im letzten Augenblick entschärft zu sein.

Doch es ereignete sich ein tragischer Zwischenfall, der mit einem Schlag alles zunichte machte. Eine große Menschenmenge, die sich auf dem Schlossplatz eingefunden hatte, um auf die Annahme der Märzforderungen zu drängen, brach beim Bekanntwerden des königlichen Patents in begeisterte Ovationen aus. Dabei lösten zwei versehentlich abgefeuerte Schüsse eine Panik aus – es wurde das Signal zum Aufstand. An die 10000 Berliner gingen auf die Barrikaden, und 15000 Soldaten gingen mit äußerster Brutalität gegen die rebellierende Bevölkerung vor. Etwa 280 Aufständische und 60 Soldaten fanden in dieser Nacht in Berlin den Tod.

Während auf den Straßen der Bürgerkrieg tobte, herrschte am Hof völlige Konfusion. Ernst von Bodelschwingh übernahm es, am Vormittag des 19. März den Befehl des Königs zu übermitteln, wonach die Truppen von den Straßen und Plätzen der Stadt abgezogen werden sollten. Der König, die Regierung und die Hauptstadt Preußens hatten scheinbar vor der Revolution kapituliert. Das hatte Bodelschwingh gewiss nicht gewollt. Vergeblich beschwor er den König, die Stadt zu verlassen. Am 20. März zog sich der ehemalige Minister mit seiner

«Erster Angriff der Kavallerie auf das unbewaffnete Volk vor dem königlichen Schlosse in Berlin» am 18. März 1848. Zeitgenössische Lithographie aus dem Neuruppiner Bilderbogen

Familie nach Potsdam zurück, wo er auf den Monarchen warten wollte. Doch Friedrich Wilhelm IV. blieb. Während der König am 21. März mit der schwarzrotgoldenen Schärpe durch Berlin ritt, reiste Bodelschwingh verbittert in seine westfälische Heimat ab.

Friedrich von Bodelschwingh hat sich in seinem weiteren Leben zur Revolution von 1848 nicht öffentlich geäußert. Man kann davon ausgehen, dass sie eine tief sitzende Revolutionsfurcht in ihm hinterließ. Bei allem Verständnis für die soziale Lage der arbeitenden Klassen verabscheute Bodelschwingh doch zeit seines Lebens den «Pöbel», die Menschenmasse, die sich zum gewaltsamen sozialen Protest zusammenschloss, wie etwa seine Bemerkungen zu den Unruhen in Paris im Februar 1870 belegen: *Wer sind diese Männer, die Frankreich und mit ihm Europa in solche Gefahr und Angst versetzen? […] Nun die Häupter haben wir schon kennengelernt und wie die Häupter, so ist auch ihre Armee. – Es sind arme, willenlose Knechte ihrer Leidenschaften und*

Begierden, ein elender verwahrloster Haufen, fleißig im Saufen und Blau-Montag-Feiern, zum großen Teil ohne jeden Unterricht, und ohne die dürftigsten Inbegriffe von Gott und christlichem Glauben aufgewachsen. Und was trägt daran Schuld? – Dieser arme Volkshaufe nicht allein. […] Wenn die Regierung die Sonntagsruhe schützte, die Kinder zur Schule zwänge, den Kneipen und Tanzsälen etc. gründliche Daumschrauben anlegte […]; wenn sie den Handwerkerstand schützte durch eine stramme Gewerbeordnung etc. – dann brauchte sie nicht alle Jahre kostspielige Feste zu geben, um die wilden Haufen zu amüsieren, und brauchte nicht ein Heer von Polizisten zu halten, um dieselben niederzudämpfen, wenn sie aus der Tiefe auflohen.[16]

Trotz des bleibenden Misstrauens gegenüber Liberalismus, Republik, Demokratie und Sozialismus driftete Bodelschwingh unter dem Eindruck der Revolution nicht, wie viele seiner Standesgenossen, in das Lager der Ultrakonservativen ab, die einem kompromisslosen Kurs der Repression und Restauration das Wort redeten. Vielmehr kam er zu dem Schluss, dass man die soziale Frage praktisch, im Geiste tätiger Nächstenliebe angehen müsse, ehe sie in eine revolutionäre Situation mündete.

Nach dem Paukenschlag der Revolution klang Friedrich von Bodelschwinghs Jugendzeit in der westfälischen Provinz leise aus. Die Familie kam zunächst bei der Mutter Ernst von Bodelschwinghs in Haus Heide unter. Während die Eltern bald darauf nach Velmede, dem Stammsitz der Familie Bodelschwingh, übersiedelten, wurden die Söhne in das Gymnasium zu Dortmund gegeben, wo sie im Hause eines Verwandten Unterkunft fanden. Ursprünglich hatte sich Friedrich mit dem Gedanken getragen, im Sommer 1849 an sein altes Berliner Gymnasium zurückzukehren und dort das Abitur abzulegen, doch fürchtete er, den hohen Anforderungen nicht gewachsen zu sein, und meldete sich kurz entschlossen in Dortmund zum Abitur. Er wurde ausnahmsweise zugelassen und bestand im März 1849 die Prüfung mit gleichmäßig guten Noten in allen Fächern. Anschließend reiste er nach Berlin, wo er nun auf Wunsch seines Vaters sofort mit dem Studium beginnen sollte.

Ausbildung zum Landwirt (1849–1854)

Als Friedrich von Bodelschwingh das Gymnasium verließ, gab er an, das «Bergfach» studieren zu wollen. Ernst von Bodelschwingh wollte angesichts der ungeklärten politischen Verhältnisse nach der Revolution von 1848 anscheinend nicht, dass sein Sohn eine Laufbahn als Jurist im preußischen Staatsdienst einschlug. Doch begeistert war der Abiturient wohl nicht von der Aussicht, Bergbeamter zu werden. Zur Diskussion stand auch eine Ausbildung zum Landwirt. Der Vater blieb skeptisch. Da das Familiengut Velmede dem ältesten Sohn Franz zufallen sollte und das Familienvermögen für den Ankauf eines eigenen Gutes für Friedrich nicht ausreichte, fürchtete er, sein Sohn würde über die abhängige Stellung eines Pächters oder Verwalters nicht hinauskommen. Ernst von Bodelschwingh wandte sich in dieser Frage an seinen Jugendfreund Ernst Freiherr Senfft von Pilsach, einen der bedeutendsten Großgrundbesitzer Pommerns, führenden Vertreter der pommerischen Erweckungsbewegung und unbedingten Parteigänger der streng konservativen Richtung. Die Familien fühlten sich eng verbunden – Friedrich war mit den Söhnen Senffts seit Kindertagen befreundet. So wurde beschlossen, dass Friedrich gemeinsam mit Ernst, dem ältesten Sohn Senffts, eine landwirtschaftliche Ausbildung beginnen sollte.

Da der Freund jedoch erst im Herbst 1849 sein Abitur machte, willigte der alte Bodelschwingh ein, dass Friedrich während des Sommersemesters in Berlin studierte. Dieser immatrikulierte sich in der philosophischen Fakultät und belegte Botanik. Nebenher hörte er Vorlesungen bei dem Staats- und Kirchenrechtslehrer Friedrich Julius Stahl, dem Propagandisten des «christlichen Staates», und bei dem Kirchenhistoriker August Neander. Dies war Friedrichs «erste flüchtige Berührung mit der Theologie»[17], die indes noch keinen nachhalti-

Als Abiturient hospitierte Bodelschwingh in einem Dortmunder Bergwerk. Den Plan, Bergbeamter zu werden, gab er jedoch bald auf und begann eine landwirtschaftliche Ausbildung.

gen Eindruck hinterließ. Gesellschaftlich bewegte sich der junge Student während seines Aufenthalts in Berlin in den ultrakonservativen Kreisen um Hermann Wagener, den Chefredakteur der neu gegründeten «Kreuzzeitung».

Der Plan, die Lehre gemeinsam mit Ernst Senfft zu machen, zerschlug sich. So begann Friedrich von Bodelschwingh im September 1849 seine Ausbildung ohne den Freund. Sein Lehrmeister war Johann Gottlieb Koppe, ein «Selfmademan», der es nicht nur, aus kleinsten Verhältnissen stammend, zum Rittergutsbesitzer gebracht hatte, sondern auch zu den bedeutendsten Agrarreformern des 19. Jahrhunderts zählte. Koppe war ein Schüler von Albrecht Thaer, dem Begründer der neuen Wissenschaft von der Landwirtschaft. Koppe trug entscheidend dazu bei, die Theorien Thaers in die Praxis umzusetzen.

Als Friedrich seine Lehre antrat, war «Landwirt» zu sein daher «nicht mehr – wie Bauer und Gutsherr – eine Gegebenheit und ein Erbe, sondern eine wählbare Profession»[18].

Verwissenschaftlichung und Verberuflichung waren Teil jenes grundstürzenden Wandels, der die Landwirtschaft des deutschsprachigen Mitteleuropa im Laufe weniger Jahrzehnte aus dem Mittelalter in die Neuzeit katapultierte.[19] Hintergrund war der Durchbruch des Agrarkapitalismus: Grund und Boden, Rittergut und Bauernhof wurden in der ersten Hälfte des 19. Jahrhunderts zur frei handelbaren Ware. In immer größerem Stil produzierte die Landwirtschaft nun für den Markt. Der Übergang von der alten Dreifelderwirtschaft, bei der ein Drittel der landwirtschaftlichen Nutzfläche brachlag, zum Fruchtwechsel, die Einführung neuer Nutzpflanzen wie Kartoffel und Zuckerrübe, der Aufbau landwirtschaftlicher Nebenbetriebe wie Branntweinbrennereien und Zuckerfabriken, die Intensivierung der Viehzucht, die Rationalisierung der Produktionsabläufe hatten eine Verdopplung der Arbeitsproduktivität zur Folge. Da zudem im Zuge der preußischen Agrarreformen Millionen Hektar von Ödland und Allmende neu unter den Pflug genommen wurden, verdoppelte sich die landwirtschaftliche Produktion. Hauptnutznießer des Strukturwandels und der anhaltenden Agrarkonjunktur waren die ostelbischen Rittergüter, die durch die Auflösung der Gemeinheiten, die Regulierung der gutsherrschaftlichen Verhältnisse und das «Aufkaufen» von verschuldeten Erbpachtbauern ihren Grund und Boden beträchtlich ausweiten konnten und zugleich die lästigen feudalen Bindungen loswurden. Am anderen Ende des sozialen Spektrums verschlechterte sich im Zuge der Agrarreformen die Situation der Eigenkätner, Tagelöhner, Einlieger und Heuerlinge. Das ohnehin rasch anwachsende Riesenheer der landlosen Unterschicht wurde durch die Kleinbauern, die im Zuge des «Bauernlegens» ihr Land verloren hatten, verstärkt. Ihre Situation war prekär, bei Missernten und Teuerung drohten ihnen Hunger, Elend, Seuchen und Tod. Die Gegensätze in der ländlichen Klassengesellschaft traten jetzt noch schärfer hervor.

Bodelschwingh lernte beide Seiten der Agrarreformen kennen: den rationellen landwirtschaftlichen Betrieb auf einem Gutshof, aber auch die Not der landlosen Unterschichten. Dies gab erste Anstöße zu Bodelschwinghs Werken auf dem Feld der inneren Mission – und seine landwirtschaftliche Ausbildung befähigte ihn, das Imperium diakonischer Betriebe, das er nach und nach schuf, «nach Gutsherrenart» straff zu führen.

Koppe schickte Bodelschwingh als Eleven auf das Rittergut Kienitz, das zu den modernsten Gütern des Oderbruchs gehörte. Ein Eleve, der bereits die Universität besucht hatte, war zu jener Zeit etwas Ungewöhnliches, doch Bodelschwingh, der sich nicht zu schade war, selbst Hand anzulegen, fügte sich gut ein, sodass er im Jahre 1850, als ein Krieg zwischen Preußen und Österreich drohte und ein großer Teil des Personals des Gutes im Zuge der Mobilmachung eingezogen wurde, nach nur einjähriger Lehrzeit die Stelle des ersten Inspektors übernehmen musste. Als die Kriegsgefahr vorüber war, setzte Friedrich seine Ausbildung auf Gut Wollup fort.

Die mir übrige Zeit widme ich mit großer und immer steigender Vorliebe eben jener schon erwähnten Einführung der doppelten Buchführung unseres alten Herrn [Koppe] und einem vollständigen Rechnungsabschluß über das vergangene Jahr nach seinen Grundsätzen. Es ist dies eine sehr bedeutende, mühsame, aber auch sehr lohnende Arbeit. Sie bildet den Faden zu äußerst belehrenden, interessanten Unterhaltungen mit dem erfahrenen Manne. Die Wertschätzung jedes einzelnen Stückes Vieh, der sämtlichen Geräte, der Gebäude, der verschiedenen Ackerklassen gibt viel zu überlegen, noch mehr die Aufnahme über den Wert der Hand-, Gespannkräfte, des Düngers, der Futterkräuter usf. – kurz ich fühle, daß ich viel lerne und dabei selbst nicht ganz ohne Nutzen bin.

Friedrich von Bodelschwingh an seinen Vater, März 1852, Hauptarchiv Bethel

Bald darauf unterbrach er seine Lehre erneut, um – wie es für Söhne aus gutem Hause damals üblich war – als Einjährig-Freiwilliger einen verkürzten Militärdienst abzuleisten. 1851 trat er seinen Dienst in Berlin an, doch zog er sich bei einer Felddienstübung eine Erkältung zu, die sich, bis er endlich in das Militärlazarett eingeliefert wurde, zu einer Lungenentzündung ausgewachsen hatte. Es dauerte Wochen, bis sich Bodelschwingh wieder davon erholte. Sein Militärdienst fand mit dieser Erkrankung ihr vorzeitiges Ende.

Bodelschwingh war unschlüssig, wie es nun weitergehen sollte. 1852 reiste er mit seinem Freund Ernst auf das Rittergut Gramenz in Hinterpommern, das der alte Freiherr Senfft von Pilsach 1830 erworben hatte. Bodelschwingh kannte den Vater seines Freundes als einen Menschen *voll inniger, ungeheuchelter Frömmigkeit, sich seines Heilandes niemals schämend, auch an des Königs Hofe nicht* [20]. Senfft hatte in den 1820er Jahren die Erweckungsbewegung in Pommern mit ins Leben gerufen und wirkte selber, trotz bürokratischer Hemmnisse und polizeilicher Schikanen, als Erweckungsprediger. An dem Wittenberger Kirchentag im September 1848, als Wichern in seiner berühmten Stegreifrede die Parole der inneren Mission ausgab, war Senfft maßgeblich beteiligt, und er gehörte auch zu den Mitbegründern des Central-Ausschusses für die innere Mission.

Doch Ernst Freiherr Senfft von Pilsach hatte auch eine andere Seite. Das Rittergut Gramenz war aufgrund ehrgeiziger Projekte, die allesamt gescheitert waren, hoch verschuldet. Er glaubte, seiner finanziellen Misere entkommen zu können, indem er in großem Stil seine Erbpachtbauern aufkaufte, um seinen Landbesitz zu arrondieren. Die Skrupellosigkeit, mit der er beim «Bauernlegen» vorging, empörte selbst den eigenen Sohn. Auch Friedrich von Bodelschwingh war von der Not der zu Tagelöhnern herabgedrückten Pächter zutiefst berührt, wie aus einem Brief an den Vater hervorgeht. Mit Kritik an dem harten Kurs seines Dienstherrn hielt sich Bodelschwingh zurück: *Wie weit da nun Recht oder Unrecht waltet, kann ich nicht beurteilen, geht mich auch gar nichts an.* Bodelschwingh verstand das Elend um sich herum ganz elementar als einen Aufruf zu tätiger Nächstenliebe, wie er es in seinem Elternhaus gelernt hatte. Tatkräftig nahm sich der erst Einundzwanzigjährige des Schicksals der Tagelöhner auf den beiden von ihm verwalteten Vorwerken und auch auf dem Hauptgut Gramenz an: *Die Pächter sind nun zum großen Teil aus ihren Wohnsitzen verdrängt, und statt ihrer, soweit sie nicht selbst in Tagelöhner umgewandelt und als*

Tagelöhner wohnen geblieben sind, ist allerlei Gesindel eingezogen, das man aus Gramenz weggebracht hatte. Diese Leute, überschuldet wie sie waren und daher nicht imstande, von ihrem Verdienste zu leben, waren seit mehreren Monaten ohne Kartoffeln, ohne Getreide. Sie trieben sich teils bettelnd umher, teils lagen sie faul zu Hause, missmutig, etwas zu tun, da ihnen doch all ihr Verdienst auf ihre gemachten Schulden abgerechnet wurde. Da war es nun meine erste Sorge, gewaltsam und eigenmächtig einzugreifen.[21] Und dies tat er mit einer Energie und Phantasie, die für sein weiteres Lebenswerk typisch werden sollten. Er brachte die auf den Vorwerken seit alters her eingesessenen Familien, auch die Frauen und Kinder, beim Rübenanbau in Arbeit, beendete auf diese Weise Untätigkeit und Bettelei und schob die ortsfremden Landarbeiter ab. Er zahlte den Tagelohn wöchentlich aus – statt wie bisher vierteljährlich – und steigerte auf diese Weise die Arbeitsmoral. Er schaffte Kartoffeln und Gerste an, um die Lebenshaltung der Landarbeiter zu verbilligen. Für die ganz heruntergekommenen Familien ließ er gegen einen geringen Lohnabzug eine Suppe kochen. *Manchen messe ich ihr Mehl für ihre Suppe zu und bestimme danach, wie lange sie mit ihrem Scheffel auskommen müssen, weil ich in Erfahrung brachte, dass sie in der Not, aber auch wohl zum Branntweinsaufen, das empfangene Korn teilweise wieder verkauften.*[22] Bodelschwingh lernte schnell dazu: Almosen ohne nachgehende Fürsorge waren ein Tropfen auf den heißen Stein. So inspizierte er fortan regelmäßig die Speisekammern seiner Arbeiter. Zudem übernahm Bodelschwingh die gesamten Schulden seiner Leute.

Bodelschwingh beschränkte sich aber nicht darauf, der Verarmung, Verwahrlosung und Verschuldung der Landarbeiter entgegenzuwirken. Von dem Kolporteur, den Senfft zur geistlichen Betreuung der Arbeiter seiner Zuckerfabrik eingestellt hatte, erwarb Bodelschwingh erbauliche Traktate und verteilte sie an seine Arbeiter und deren Kinder. Als Gegenpol zu den bis dahin üblichen Erntefesten, die für gewöhnlich in wüste Sauferei und Rauferei ausarteten, versuchte er, einen christlichen Feststil zu entwickeln – allerdings mit geringem Erfolg. In Pommern lernte der junge Landwirt (der auf Gut

Wollup die Branntweinbrennerei als landwirtschaftlichen Nebenbetrieb studiert hatte) die «Branntweinpest» fürchten und hassen.

In Gramenz erkennt man bereits wesentliche Grundzüge der künftigen Werke Friedrich von Bodelschwinghs. Schon als junger Landwirt gelangte er zu der Überzeugung, dass tätige Nächstenliebe den ganzen Menschen umfassen müsse; dass äußere Verelendung, Sünde und innere Not untrennbar miteinander verbunden seien; dass praktische Hilfe deshalb stets mit der Verkündigung des Evangeliums und des Gesetzes, mit liebevoller Hinwendung und strenger Zucht einhergehen müsse. Auch das Prinzip Arbeit statt Almosen, das patriarchalische Modell einer um eine charismatische Vaterfigur gescharten christlichen Familie und die Idee einer religiös geprägten landwirtschaftlichen Kolonie begannen schon damals schemenhaft Gestalt anzunehmen.

Nach seiner Ernennung zum Oberpräsidenten von Pommern kümmerte sich der alte Senfft kaum noch um Gramenz, und Bodelschwingh wuchs mehr und mehr in die Rolle des Gutsverwalters hinein. Nach der Rückkehr seines Freundes Ernst vom Militärdienst wollte Bodelschwingh, so war es verabredet, Gramenz jedoch verlassen. Er selber zeigte Neigung, auch künftig als Gutsverwalter zu arbeiten, der Vater regte hingegen an, Friedrich möge im Herbst 1854 eine Universität beziehen. Über das Fach wurde nicht gesprochen, nur von der Juristerei riet der Vater ab. Ernst von Bodelschwingh, der nun seit 1851 als Regierungspräsident von Arnsberg tätig war, erlebte die entscheidende Weichenstellung im Leben seines Sohnes nicht mehr. Er erlag am 18. Mai 1854 einer weiteren Lungenentzündung.

Friedrich von Bodelschwingh machte während seines Aufenthalts in Gramenz, verstärkt wohl durch den Tod des Vaters, Fortschritte in der Lebensführung eines erweckten Christen. Er mied die harmlosen Vergnügungen des Landlebens, zog sich an den Wochenenden in die Einsamkeit zurück und las regelmäßig im Neuen Testament. In seinen Lebenserinnerungen berichtet Bodelschwingh, die Lektüre eines der für Kinder gedachten Traktate des Basler Missionshauses, «Tschin der arme Chinesenknabe», aus der Feder des schwäbischen Theologen Albert Ostertag, habe damals bei ihm ein Berufungserlebnis ausgelöst. Einstweilen habe er Stillschweigen gewahrt und auf einen weiteren Fingerzeig gewartet. Dieser sei ihm dann auf einem Missionsfest zuteil geworden. Es muss offen bleiben, ob

«Tschin der arme Chinesenknabe», das Traktat, das Friedrich von Bodelschwingh für den Missionsdienst begeisterte, erlebte zahllose Neuauflagen.

ein solches Berufungserlebnis tatsächlich stattgefunden hat – die Erzählung Bodelschwinghs folgt einem gängigen Muster und weckt den Verdacht, bereits ein Teil jener Selbststilisierung zu sein, die am Anfang der Legendenbildung stand, welche den Menschen zusehends hinter dem Mythos zurücktreten ließ. Klar ist, dass in Gramenz der Entschluss Bodelschwinghs heranreifte, in die Mission zu gehen. Dass zu dieser Zeit auch schon die Entscheidung fiel, Theologie zu studieren, ist indessen nicht sehr wahrscheinlich. In der schwärmerischen Stimmung, in der er sich zu jener Zeit befand, ist eher anzunehmen, dass er ohne akademische Ausbildung als Missionar der Basler Missionsgesellschaft zu den Heiden aufbrechen wollte. Dazu passt auch, dass er sich zu jener Zeit mit dem Gedanken trug, ein Mädchen aus einfachen Verhältnissen zu heiraten – die heimliche Verlobung wurde jedoch bald wieder gelöst.

Die Verwirrung der Gefühle legte sich erst nach Friedrichs Rückkehr nach Berlin im Oktober 1854. Es war sein Onkel und Vormund, Karl von Bodelschwingh, der preußische Finanzminister der Restaurationszeit, der den jungen Friedrich auf den Boden zurückholte und ihn energisch drängte, neben dem Missionshaus zugleich die Universität Basel zu besuchen, um die Vorbereitung zum Missionsdienst mit einem Theologiestudium zu verbinden. Die Mutter schließlich bestärkte ihn in diesem Entschluss – es entspreche ihrem und dem Herzenswunsch ihres verstorbenen Mannes, dass eines ihrer Kinder Theologie studieren möge.

Studium (1854–1857)

Im November 1854 begann Friedrich von Bodelschwingh mit dem Studium der Theologie an der Universität Basel. Er tat dies in der festen Absicht, Missionar zu werden. Was er im Studium suchte, war geistliche Zurüstung für den Dienst unter den Heiden, die Verfestigung und Vertiefung seiner erwecklichen Glaubenswelt. Kritische Wissenschaft hingegen war Bodelschwinghs Sache nicht. Er legte sich gleichsam Scheuklappen an und mied die Auseinandersetzung mit allen theologischen Lehrern und Lehren, die seine Frömmigkeit hätten infrage stellen können. Innerhalb des protestantisch-theologischen Spektrums in der ersten Hälfte des 19. Jahrhunderts bezog er ganz eindeutig Position.

Um 1800 wurde die evangelische Kirche von drei großen Strömungen bestimmt: Aufklärung, Orthodoxie und Pietismus.[23] Die Aufklärung, die in Deutschland stets eine betont christliche gewesen war, versuchte, das Christentum als Vernunftreligion zu deuten, die Orthodoxie wollte es als Offenbarungsreligion bewahren. Als dritte Kraft hatte sich der Pietismus, «die undogmatische Religion des frommen Herzens»[24], etabliert. In den Jahrzehnten nach 1815 verschoben sich allmählich die Fronten. Die Theologie der Aufklärung verflachte zusehends zu einem Rationalismus ohne Tiefgang. Das Christentum sollte als ein Ensemble von Vernunftwahrheiten in praktische Moralität aufgelöst werden. Predigten im Stil des Rationalismus handelten mitunter von verbesserten Methoden des Ackerbaus. Eine ganze Pfarrergeneration war in diesem Sinne theologisch geformt worden und trug eine aufgeklärte Frömmigkeit in breite Schichten des Kirchenvolkes. Die skeptische Wendung des Rationalismus gegen die biblischen Wunder mündete schließlich in radikale Religionskritik und führte zur Entchristlichung von Teilen des Bürgertums.

Über den Rationalismus hinaus wies die im deutschen Idealismus wurzelnde liberale Theologie im Anschluss an Friedrich Daniel Schleiermacher. Auch sie versuchte, vor dem Hintergrund der heraufziehenden Moderne Christentum, Vernunft und Humanität miteinander zu versöhnen, freilich nicht, indem sie – wie der Rationalismus – kurzerhand alles Unvernünftige aus der christlichen Lehre strich. Den Kern der Religion wollte Schleiermacher erhalten wissen, allerdings beharrte er darauf, dass es kein fertiges Dogma gebe, dass vielmehr die biblische Überlieferung im Lichte der Gegenwart immer wieder neu gedeutet, die Botschaft des Christentums in der Sprache der Zeit neu formuliert werden müsse – «ein gegenwartsbezogener Historismus wird das leitende Interpretationsprinzip»[25]. Die liberale Theologie zerfiel alsbald in die strenge Schule Schleiermachers und die Vermittlungstheologie, die die Verbindung zur Orthodoxie nicht gänzlich abreißen lassen wollte und ihr Hauptaugenmerk auf die Versöhnung von Christentum und Kultur legte. Große Breitenwirkung vermochte keine der beiden Richtungen zu erzielen. In ihrer Methodik, der historischen Kritik der biblischen Texte, entwickelte sie jedoch große Sprengkraft.

Unter dem Ansturm des Rationalismus, der liberalen Theologie und der historischen Bibelkritik schlossen sich Orthodoxie und Pietismus, die Gegner von einst, zu einem neuen, zusehends erstarkenden konservativen Block innerhalb der evangelischen Christenheit zusammen. Getragen wurde die «positive Theologie» von der Erweckungsbewegung, die sich – wie auch in Großbritannien, Nordamerika, Skandinavien, der Schweiz und Frankreich – in vielen Teilen Deutschlands, etwa in Pommern, in Berlin, im Ravensberger und im Bergischen Land, am Niederrhein oder in Württemberg, machtvoll Bahn brach und bis zur Jahrhundertmitte zur Massenbewegung anschwoll. Die Erweckungsfrömmigkeit stellte in bewusster Abgrenzung gegen jede verstandesmäßige Auffassung des Glaubens das Moment des Subjektiven und Emotionalen in den Mittelpunkt. Rückzug in die Innerlichkeit, strenge Gewissenserforschung, Erfahrung der eigenen Sündhaftigkeit, Wiedergeburtserlebnis, Heiligung des eigenen Lebens, der Glaube an göttliche Fügung, die Ausrichtung der Lebensführung an Fingerzeigen von oben, bisweilen auch «Selbstgewissheit und Selbstgerechtigkeit»[26] – das waren Grundzüge dieser Form der Frömmigkeit. Theologisch korrespondierte damit ein unkritischer Biblizismus. Unter dem Banner der positiven Theologie scharten sich die Frommen und Bibelgläubigen. Von der Grundausrichtung her wandte sich die Erweckungsbewegung gegen die anbrechende Moderne, und doch war sie nicht einfach ein Relikt der vormodernen Zeit. Gewiss, die Erweckung hatte manchmal einen Zug ins Frömmlerische, Innerliche, Engstirnige. Erweckte Christen hatten oft aber auch einen scharfen Blick für die Schattenseiten des gesellschaftlichen Fortschritts, und viele von ihnen fühlten sich von Pauperismus und sozialer Frage existenziell angerührt – «das Gefühlschristentum ist Gemeinschafts- und Tatchristentum»[27].

Die Universität Basel, eine Hochburg der «positiven Theologie». Holzschnitt nach einer Zeichnung aus dem Jahre 1859

Hier hatte Friedrich von Bodelschwingh seine geistige Heimat, und ganz selbstverständlich suchte er sich Lehrer, die auf dem Boden der positiven Theologie standen. In Basel geriet der Student vor allem unter den Einfluss Karl August Auberlens. Dieser bekannte sich, in der Tradition des schwäbischen Pietismus, zu einem strengen Biblizismus. Allenfalls eine vom Heiligen Geist erleuchtete Bibelkritik, die sich erneut der altprotestantischen Inspirationslehre annäherte, wollte er gelten lassen. Er grenzte sich scharf gegen den Rationalismus und gegen Schleiermachers Idealismus ab – der Moderne, die er als Welt ohne Gott betrachtete, stand er ohne inneres Verständnis gegenüber. Auberlens Geschichtsbetrachtung ging zwar von der Prämisse aus, dass die Weltgeschichte eine über lange Zeiträume sich hinziehende Rückführung der Welt zu Gott sei. Die von Wichern entwickelte Vorstellung, die innere Mission könne eine christliche Wiedergeburt des deutschen Volkes bewirken und damit Christentum und Patriotismus miteinander versöhnen, wies er jedoch zurück – für Auberlen blieb das Reich Gottes in dieser Welt im Verborgenen, lebte es in der unsichtbaren Gemeinde der Gläubigen, nicht in der sichtbaren, äußeren, verfassten Kirche und ihrer inneren Mission. Dies waren Gedankengänge, die Bodelschwinghs Verständnis nachhaltig beeinflussen sollten, wie auch Auberlens unkritischer Biblizismus, der eschatologische Zug seiner Geschichtsdeutung und das seiner Rechtfertigungs-

Schleiermacher ist vom Glauben seiner Kindheit abgefallen […]. Er ist seiner fleischlichen Vernunft nach, welche nichts vernimmt vom Geiste Gottes, ein rechter Heide geworden, der nicht einmal mehr an einen lebendigen, persönlichen Gott, geschweige denn an Christus, des lebendigen Gottes Sohn geglaubt hat […]. Aber freilich steht auf der andern Seite auch dies fest: Es ist ihm schwer geworden wider den Stachel zu löcken und seinem Herzen, oder genauer seinem Gefühl nach, hat es ihm nie gelingen wollen sich ganz loszumachen von dem Gott seiner Jugend. […] das unterscheidet ihn weit von den kahlen Vernunfttheologen seiner Tage, die aus der Religion ein Rechenexempel machen wollten; ja durch diese bleibende Sehnsucht nach etwas Besserem als einer bloßen Vernunftreligion […] ist er vielen ein Wegweiser geworden zu dem Glauben, den er selbst nicht wieder finden konnte.

Friedrich von Bodelschwingh: Friedrich Schleiermacher! [Dezember 1868]. In: ders., Ausgewählte Schriften, Bd. I, Bethel 1955, S. 458

lehre eigene Spannungsverhältnis von Rechtfertigung und Heiligung. Zwischen Bodelschwingh, der mit vierundzwanzig Jahren älter war als die Mehrzahl seiner Kommilitonen, und Auberlen, der kaum dreißig Jahre zählte, aber bereits von einer schweren, zu einem frühen Tod führenden Krankheit gezeichnet war, entstand ein inniges Verhältnis. *Er ließ*, so Bodelschwingh, *die ganze Schrift, von Anfang bis Ende, unangetastet von allen kritischen Grübeleien, in herzlichster Freude stehen, wie sie stand, und hatte eine ungemein einfältige biblische Belesenheit.*[28]

Bezeichnend für den engen Horizont Bodelschwinghs war es, dass er die Gelegenheit, den bedeutendsten Gelehrten der Baseler Universität zu hören, nicht nutzte – den Historiker Jacob Burckhardt; dessen an der Antike, der Renaissance und dem Humanismus geschulte Kulturgeschichte gehörte einer Welt an, die Bodelschwingh völlig fremd blieb.

Ungleich wichtiger als das Universitätsstudium war für Friedrich von Bodelschwingh die Prägung durch das Basler Missionshaus unter seinem Inspektor Joseph Josenhans. Seit 1816 unterhielt die Basler Mission eine eigene Missionsschule, die zunächst junge Männer für andere Missionsgesellschaften ausbildete. Seit den 1830er/40er Jahren war die Basler Mission selber in Indien, an der westafrikanischen Goldküste und in Hongkong tätig.[29] Bodelschwingh nahm am Unterricht der Missionszöglinge teil, der die Einführung in die Bibel, Exegese, Kirchengeschichte, Dogmatik, Homiletik, Symbolik und indische Religionsgeschichte umfasste, *freilich weniger gelehrt, aber doch inniger und zutraulicher [...] als dort auf der Universität*[30]. Wichtig war auch die Teilnahme an Josenhans' Predigtübungen. Je mehr Bodelschwingh in das Milieu des Basler Missionshauses eintauchte, umso mehr zog er sich aus dem Baseler Studentenleben zurück. Hatte er anfangs noch an den erbaulichen Vorträgen der dem christlichen Wingolf angehörenden Studentenverbindung «Schwizerhüsli» teilgenommen – wenngleich nur ein einziges Mal an einem ihrer Kneipenabende –, so blieb er vom zweiten Semester an der harmlosen Geselligkeit der Universitätsstudenten fern. Bei den meisten seiner Kommilitonen galt er bald als Sonderling.

Das Basler Missionshaus, vor 1860. Hier nahm Bodelschwingh am Unterricht für die angehenden Missionare teil.

Über das Missionshaus erhielt der junge Bodelschwingh Zugang zu den erwecklichen Kreisen Basels, die im schwäbischen Pietismus ihre geistige Heimat hatten. Engen Kontakt hielt er zu Christian Heinrich Zeller in Beuggen. Häufiger Gast war Bodelschwingh auch im Haus des Sekretärs der Deutschen Christentumsgesellschaft, Christian Friedrich Spittler, das zum Treffpunkt der «Reichgottesarbeiter» geworden war, die aus aller Welt nach Basel kamen. Bodelschwingh suchte wiederholt die von Spittler begründete Taubstummenanstalt in Riehen auf, nahm am Unterricht teil und lernte, sich mit den gehörlosen Jungen zu verständigen. Auch in der alten Wallfahrtskirche St. Chrischona, wo Spittler eine Art «Missionsfreikorps»[31] heranbildete, war er häufiger zu Gast und nahm am Leben der «Chrischonafamilie» teil.

Es zeigte sich bald, dass Spittler mit dem jungen Bodelschwingh phantastische Pläne verfolgte. Spittler dachte daran, auf eigene Faust Missionare nach Abessinien zu entsenden. 1856 führte er einen förmlichen Beschluss des Pilgermissionskomitees herbei, Bodelschwingh als «Boten der Pilgermis-

Christian Friedrich Spittler wollte Bodelschwingh als «Barfußmissionar» nach Abessinien schicken.

sion»[32] an den Hof eines gewissen König Theodorus zu schicken, eines «Warlords», der zu dieser Zeit weite Teile Abessiniens beherrschte. Bodelschwingh geriet in eine scharfe Auseinandersetzung zwischen Spittler und Josenhans. Spittlers gleichsam urchristliches Missionskonzept sprach wohl den etwas schwärmerischen Zug im Wesen des jungen Bodelschwingh an. Dieser entschied sich aber letztlich doch dafür, sein Studium zu Ende zu bringen. Vermutlich sprach im Hintergrund Karl von Bodelschwingh, der Onkel und Vormund, ein Machtwort.

Dem Rat seiner akademischen Lehrer folgend, setzte Bodelschwingh sein Studium 1856 in Erlangen fort. Hier hörte er vor allem die Vorlesungen des Professors für neutestamentliche Exegese, Ethik und Enzyklopädie, Johann von Hofmann, eines der bedeutendsten Vertreter der «Erlanger Schule», die eine in der Erweckungsbewegung wurzelnde theologische Richtung streng konfessionellen Luthertums vertrat. Von den konfessionellen Streitfragen, die in Erlangen schärfer hervortraten, hielt Bodelschwingh sich fern, er blieb einstweilen bei dem milden Luthertum, das er in Basel kennen gelernt hatte.

Während seiner Erlanger Zeit kam Bodelschwingh auf einer ausgedehnten Wanderung nach Neuendettelsau, wo Wilhelm Löhe im Jahre 1854 mit der Gründung einer Diakonissenanstalt auch die Pflege von «Schwachsinnigen» begonnen hatte. Im weiteren Verlauf der Reise besuchte Bodelschwingh ebenfalls die staatliche Irrenanstalt Winnenthal bei Winnenden, deren ärztlicher Direktor Ernst Albert von Zeller neue Wege in der so genannten Irrenbehandlung eingeschlagen und das damals übliche pädagogische Zwangsregime durch eine Behandlung des kranken Gehirns und durch geistliche Betreuung der kranken Seele ersetzt hatte. Der Besucher war derart beeindruckt, dass er in der Erlanger Irrenanstalt eine Vorlesung über Psychiatrie hörte. Auf seiner Wanderung hatte es Bodelschwingh auch wider Willen nach Bad Boll verschlagen, der Heimstätte der aus dem württembergischen Pietismus hervorgegangenen Buß- und Erweckungsbewegung um Johann Christoph Blumhardt. Doch das von der Allgegen-

Johann Christoph Blumhardt, eine der führenden Gestalten der württembergischen Erweckungsbewegung, hatte 1852 in Bad Boll eine Heilstätte geschaffen. Bodelschwingh betrachtete Blumhardts «Geistheilungen» mit Hochachtung, sein eigener Weg führte ihn aber in eine andere Richtung.

wärtigkeit dämonischer Mächte ausgehende, auf die Kraft des Exorzismus vertrauende, leicht esoterisch wirkende Konzept der «Geistleiblichkeit» Blumhardts lag dem bodenständigen Westfalen Bodelschwingh weniger als die praktische Hilfe für körperlich, geistig und seelisch kranke Menschen, wie er sie in Riehen, Neuendettelsau und Winnenthal kennen gelernt hatte.

Dem Wunsch seines Onkels entsprechend ging Bodelschwingh 1857 für die letzten beiden Semester nach Berlin, um sich – mit der Aussicht auf eine Anstellung – in der preußischen Landeskirche prüfen zu lassen. In Berlin pflegte Friedrich engen Kontakt zur Familie Karl von Bodelschwinghs; in seinem letzten Semester wohnte er sogar mit in der Wohnung der Familie im Finanzministerium. Wenn man den Lebenserinnerungen Glauben schenken darf, hegte er bereits in seiner Baseler Zeit eine tiefe Zuneigung zu seiner Cousine Ida, der Tochter Karl von Bodelschwinghs; doch er bewahrte Stillschweigen, weil er sich sicher war, dass der Onkel angesichts seiner Pläne, als Missionar nach Übersee zu gehen, einer Verbindung ohnehin seine Zustimmung verweigern würde. Ida jedenfalls war damals in einen anderen Cousin verliebt, den Offizier Wilhelm von Diest. Die Eltern hatten sich mit dieser Verbindung nicht einverstanden erklärt, was Ida in eine psychische Krise stürzte – es heißt, damals sei bei ihr eine Veranlagung zur Schwermut zutage getreten. Gerade als Bodelschwingh in Berlin eintraf, musste sich Ida in das Sanatorium «Schweizerhof» in Zehlendorf begeben. Nach ihrer Entlassung im Sommer 1857 reiste sie mit ihrer Mutter nach Haus Heide bei Unna, sodass der Cousin sie in seinen Berliner Semestern kaum zu Gesicht bekam.

Im Wintersemester besuchte Bodelschwingh lediglich zwei Vorlesungen bei Ernst Wilhelm Hengstenberg, der seit 1826 den Lehrstuhl für Altes Testament an der Universität Berlin innehatte. Hengstenberg war dort auch mit der Erweckungsbewegung in Berührung gekommen, die er bald in eine streng konservative, lutherisch orthodoxe Richtung lenkte. In seiner Vorlesung zum Alten Testament erlebte Bodelschwingh einen strengen Biblizismus ohne jedes Zugeständnis an die historisch-kritische Methode und eine Interpretation, welche die messianischen Weissagungen ganz in den Mittelpunkt des Alten Testaments rückte. Bodelschwingh kannte das schon von Auberlen, doch von Hengstenberg wurde es «ungleich anspruchsvoller, leidenschaftlicher und unduldsamer gegen Andersdenkende» vorgetragen. Als Exeget war Hengstenberg für Bodelschwingh eine Autorität, «als eifernder konfessioneller Kirchenpolitiker stieß er ihn ab»[33].

Im Sommersemester 1857 besuchte Bodelschwingh eine Vorlesung über Liturgik und Homiletik bei Carl Immanuel Nitzsch, einem führenden Vertreter des gemäßigten Flügels der Vermittlungstheologie und überzeugten Befürworter einer Bekenntnisunion, wie sie von der preußischen Krone seit 1817 angestrebt wurde. Nitzsch trat für einen über eine bloße Verwaltungsunion hinausgehenden Zusammenschluss von Lutheranern und Reformierten auf der Grundlage einer versöhnlichen Interpretation der «Confessio Augustana» ein. Das Augsburgische Bekenntnis von 1530 gehört zu den grundlegenden Bekenntnisschriften des Luthertums, schien aber in modifizierter Fassung auch reformierten Christen akzeptabel. Hier stand Nitzsch in scharfem Gegensatz zu Hengstenberg, der nur die streng lutherisch orthodoxe Deutung der Augustana gelten lassen wollte.

Nitzschs Bemühen um eine evangelische Form des Kultus, seine Betonung des liturgischen Gebets, sein Hinweis auf die hohe Bedeutung von Singe-, Gebets- und Bibelstunden, die Grundzüge seiner Homiletik – das alles fiel bei Bodelschwingh auf fruchtbaren Boden. Die praktischen Predigtregeln, die Nitzsch seinen Studenten mit auf den Weg gab, knüpften an das an, was Bodelschwingh bei Josenhans in Basel gelernt hatte. In seiner homiletischen Übung unterzog Nitzsch seine Studenten einer strengen Kritik. Er verlangte freien Vortrag ohne wörtliches Auswendiglernen in einer klaren, einfachen, an der Bibel orientierten Sprache. Bodelschwingh, der bis dahin kaum Predigterfahrung gesammelt hatte, war wohl recht nervös. *Bei meiner ersten Predigt, die ich vor ihm zu halten hatte, blieb ich übrigens auch stecken und musste mein Konzept demütig herauslangen, soviel ich weiß, das einzige Mal, dass mir solches Unglück widerfahren ist, […] weil ich durch die besondere Führung meines späteren Lebens niemals wieder ein Konzept gehabt habe, welches ich hätte lesen können.*[34] Als Naturtalent erwies sich Bodelschwingh beim Katechisieren in der Schule. Nebenher machte er während der Berliner Semester zur Vorbereitung auf den Missionsdienst eine Ausbildung in Krankenpflege und Arzneikunde. Im April 1858 legte Bodelschwingh schließlich sein erstes theologisches Examen mit dem Prädikat «gut bestanden» ab.

Was seinen weiteren Berufsweg anging, so war es inzwischen zu einer überraschenden Wende gekommen. Wohl schon zu Beginn des Jahres 1857 fragte er sich, ob er tatsächlich im Dienst der Basler Missionsgesellschaft nach Indien gehen sollte. Zum einen zweifelte er an der Kraft seines Glaubens, da *nach fast zweijähriger angestrengter wissenschaftlicher Arbeit der Weg des Heils mir nicht heller, sondern dunkler geworden ist*[35], zum anderen hatte er mittlerweile einige Arbeitsfelder der inneren Mission kennen gelernt, und es reizte ihn, als Erzieher verwahrloster Kinder tätig zu werden. Jedenfalls scheint Bodelschwingh nach einem Besuch des Rauhen Hauses vorübergehend mit dem Gedanken gespielt zu haben, dort als Oberhelfer einzutreten. Schließlich dürften auch ganz private Gründe dazu beigetragen haben, dass Bodelschwingh in seinem Entschluss schwankend wurde: Die heimliche Zuneigung zu seiner Cousine Ida könnte dabei ebenso eine Rolle gespielt haben wie seine angeschlagene Gesundheit. Missionare, die zur damaligen Zeit in den Tropen tätig waren, hatten keine hohe Lebenserwartung. Dies wird Bodelschwingh durchaus bewusst gewesen sein, hatte er doch das Beispiel eines Freundes vor Augen, der wenige Monate nach seiner Aussendung nach Indien verstorben war. Auch wenn er einen frühen Tod nicht gefürchtet haben dürfte, so zögerte er doch mit Rücksicht auf die Mutter und die Geschwister, ein solches Risiko einzugehen. Vor diesem Hintergrund eröffnete sich Mitte des Jahres 1857 eine neue Berufsperspektive, die in nahezu idealer Weise Missionsarbeit im Ausland und Rettungsarbeit an verwahrlosten Kindern miteinander verband, ohne dass Bodelschwingh Leben und Gesundheit tollkühn aufs Spiel setzen musste.

Durch seinen Baseler Kommilitonen Jules Steeg war Bodelschwingh wiederholt auf die von Pastor Louis Meyer im Jahre 1840 ins Leben gerufene «Evangelische Mission unter den Deutschen in Paris» aufmerksam gemacht worden. Auf dem Missionsfest der Rheinischen Missionsgesellschaft in Barmen traf er dann im Sommer 1857 mit Meyer zusammen. Dieser war auf der Suche nach einem Lehrer an der «Gassenkehrerschule» zu St. Marcel in Paris, und Bodelschwingh gab ihm spontan seine Zusage. Josenhans versuchte noch, dessen Entscheidung rückgängig zu machen, indem er ihm am 19. Februar 1858 kurz entschlossen eine förmliche Berufung auf den Posten eines Missionars in Malabar an der Westküste Indiens zusandte. Aber Bodelschwingh blieb bei seinem Entschluss.

«Gassenkehrerpastor» in Paris (1858–1864)

Sechs Jahre lang lebte Friedrich von Bodelschwingh in Paris. Alle großen Städte Europas traten um die Mitte des 19. Jahrhunderts in eine Phase des beschleunigten Wandels ein, doch keine erlebte einen so grundstürzenden Urbanisierungsschub wie die französische Metropole. Unter der Regie des Präfekten Georges Eugéne Haussmann wurde Paris gleichsam in die Moderne katapultiert und entwickelte sich binnen weniger Jahre zur «Hauptstadt des 19. Jahrhunderts»[36]. Doch Bodelschwingh ließ sich vom Glanz des Second Empire nicht blenden. Die Welt der Boulevards und Avenuen blieb ihm völlig fremd. Der Pomp und Prunk der neureichen Parvenüs am Hofe Napoleons III. erfüllte Bodelschwingh mit tiefem Abscheu. Paris bündelte alle Ressentiments, die er von Hause aus mitbrachte: Die tief in seinem Denken und Fühlen verwurzelte Großstadtfeindschaft verband sich mit dem antifranzösischen Stereotyp, das in der Familie durch die Erzählungen des Vaters von den Befreiungskriegen genährt worden war. Hinzu kam der Widerwille des erweckten Christen gegen jede Form von Luxus, der in dem jungen Bodelschwingh bereits in Berlin erregt worden war, das im Vergleich zu Paris geradezu spartanisch anmutete.

Für Bodelschwingh war Paris das neue Babylon. Von dort, so warnte er, wehe *eine vergiftete Luft unablässig* nach Deutschland herüber, *ein Geist des Unglaubens, des Aufruhrs und der Lästerung gegen Gott und seinen Gesalbten und darum auch gegen alle weltliche Obrigkeit, ein Geist der Hoffahrt und der Fleischesfreiheit.*[37] Und 1871, im Überschwang des deutschen Sieges über Frankreich, jubelte Bodelschwingh: *Babel ist gefallen.*[38] Bodelschwingh war jedoch kein Nationalist. Über die Stimmungsmache der «Kreuzzeitung» gegen Frankreich war er zutiefst verärgert. In einem Vortrag, den er 1861 in Berlin hielt, warnte der Gassenkehrerpastor eindringlich davor, *etwa nur von einem*

«Gassen-
kehrerpastor»
in Paris.
Bodelschwingh
begann
als evange-
lisierender
«Streetworker»
auf dem Mont-
martre.

Vernichtungskrieg gegen Babel Heil zu hoffen[39]. Bodelschwingh hatte einen Krieg anderer Art im Sinn. *Freilich tut ein Kreuzzug gegen Frankreich Not, nämlich der rechte Kreuzzug, durch welchen das Kreuz Christi diesem armen Volke gebracht würde, welches nur sich selber anbetet und dem die Buße eine unbekannte Sache ist.*[40]

Bodelschwingh suchte und fand seine Aufgabe auf der Schattenseite von Paris. Seine Welt waren die Elendsviertel in der Banlieue, der Bannmeile zwischen der Stadt und den äußeren Befestigungsanlagen, wo die Ärmsten der Armen um das tägliche Überleben kämpften. Zu dieser städtischen Unterschicht gehörte auch ein Großteil der «Gastarbeiter» aus den deutschen Staaten. Um die Mitte des 19. Jahrhunderts lebten unter den 1,7 Millionen Einwohnern von Paris etwa 60 000 bis 80 000 Deutsche. Die dünne Oberschicht der deutschen Minderheit bestand aus Journalisten, Schriftstellern, Künstlern, Gelehrten und Kaufleuten; sie stellte jedoch kaum mehr als ein Prozent der Deutschen.[41] Größere Gruppen bildeten die Handwerksgesellen, die Kellner und die gut bezahlten Dienstmädchen. Die überwiegende Mehrzahl der Deutschen in Paris zählte jedoch zum Subproletariat. Sie stammten vor allem aus der Pfalz und aus Hessen-Darmstadt, insbesondere aus der Gegend um den Vogelsberg. Die Armut in ihrer Herkunftsregion hatte sie zur Abwanderung gezwungen, es fehlte ihnen für eine Überfahrt nach Amerika allerdings das Geld. Es war gleichsam der Bodensatz der deutschen Auswanderung, der sich in den Elendsvierteln von Paris sammelte. Die Pfälzer arbeiteten zumeist in den Fabriken und Steinbrüchen der Vorstädte, manche zogen auch als «chiffoniers», Lumpensamm-

Die Rue Champlain in der Banlieue von Paris. Im Zuge der Boulevarddurchbrüche wurden die Bewohner der innerstädtischen Sanierungsgebiete in die Slums am Rande der französischen Metropole abgedrängt.

ler, nachts durch die Straßen und durchwühlten den Müll, den die Pariser nach Anbruch der Nacht auf die Straße schütteten. Die Hessen hingegen waren fast ausnahmslos als «balayeurs», Straßenkehrer, tätig. Bei kärglichster Lebensführung gelang es ihnen, ihre Braut nachkommen zu lassen und eine Familie zu gründen. Um die hohen Mieten aufbringen zu können, die selbst für die heruntergekommensten Kammern verlangt wurden, mussten die Frauen und älteren Kinder mitarbeiten. Die hessischen Straßenkehrer lebten völlig abgesondert von der französischen Bevölkerung in «deutschen Höfen», Mietskasernen, in denen eine Vielzahl von Familien auf engstem Raum zusammengepfercht war. In dieser Parallelgesellschaft blieben die Deutschen unter sich, die ältere Generation lernte noch nicht einmal Französisch. Anders die heranwachsenden Kinder und Jugendlichen, die, sich selbst überlassen, auf den Straßen herumstreunten, häufig verwahrlosten und ihren Eltern entfremdet wurden.

Um die Protestanten unter den deutschen Immigranten kümmerte sich die Église évangélique de la Confession d'Augsbourg[42], die in der Église des Billettes im Marais ihren gottesdienstlichen Mittelpunkt hatte. 1843 kam mit der Église de la Rédemption unweit der Opéra ein zweites Gotteshaus hinzu. Die lutherische Gemeinde in Paris wuchs in den Jahrzehnten bis zur Jahrhundertmitte auf etwa 30000 Menschen an, wobei das deutsche Element, das durch die stetige Zuwanderung gestärkt wurde, überwog. Pastor Louis Meyer hatte 1840 die «Evangelische Mission unter den Deutschen in Paris» gegründet. 1847 begann die Evangelisation unter den deutschen Straßenkehrern, von denen ein Großteil im Faubourg Saint-Marcel auf dem linken Seineufer in der Nähe des Jardin des Plantes in einfachsten Verhältnissen hauste.

Im Oktober 1857 hatte sich Bodelschwingh also entschlossen, in dieses Arbeitsfeld einzutreten; ursprünglich sollte er die Predigerstelle in Saint-Marcel übernehmen. Im Februar 1858 ergab sich jedoch eine neue Situation, als Meyer zum Präsidenten des Pariser Konsistoriums und zum Pastor der Kirche Rédemption ernannt wurde. Meyer wollte Bodelschwingh mitnehmen, weil er richtig erkannt hatte, dass die in Saint-Marcel wohnenden deutschen Familien im Zuge der großen Boulevarddurchbrüche nach Norden, in die Vorstädte Montmartre, La Chapelle-Saint-Denis, La Villette und Belleville, abgedrängt würden. In weiser Voraussicht hatte das Konsistorium 1855 den französischen Pastor Jules Goguel für die nördliche Banlieue eingesetzt. Bodelschwingh sollte ihn nun in Erwartung der Entstehung eines neuen deutschen Ghettos in diesem Bezirk unterstützen.

Am 24. April 1858 traf Bodelschwingh in Paris ein. Im Mai mietete er sich in einer winzigen Wohnung unter dem Dach einer Mietskaserne auf dem Montmartre ein. Von dort aus begann er, eine Gemeinde um sich zu sammeln. Den Anfang machte er mit den deutschen Kindern, die er in den heruntergekommenen Sackgassen der Vorstadt Batignolles auflas, in der ein Teil der aus dem Zentrum der Stadt verdrängten deutschen Gassenkehrerfamilien untergekommen war. Neben dem Unterricht hatte Bodelschwingh auch Gottesdienst zu halten. Anfangs waren die Gottesdienste schwach besucht, da die Gassenkehrer und Fabrikarbeiter sonntags arbeiten mussten – wenn sie der Arbeit fern blieben, wurden sie mit Strafe belegt. Dennoch waren Bodelschwinghs deutschsprachige Gottesdienste bald besser besucht als die der französischen Gemeinde. Dies führte zu unterschwelligen Spannungen zwischen Bodelschwingh und den anderen deutschen und elsässischen Pfarrgehilfen auf der einen, Meyer, Goguel und den anderen französischen Pfarrern auf der anderen Seite, die das Ziel verfolgten, die deutschen Lutheraner allmählich in der franzö-

Unsere Hessischen Gemeindeglieder wohnten damals in den großen Höfen der Vorstädte zu 10–20 Familien zusammen. Ja, später fand ich einen Hof, in dem 39 deutsche Familien wohnten mit mehr als 160 Seelen. Sie lebten ganz unter sich, kamen mit den Franzosen fast gar nicht in Berührung, lernten deshalb auch das Französische nicht. Die französischen Namen modelten sie um nach ihrem Verständnis. Die Boulevards waren für sie die Bullenwagen, die berühmten Champs-Elysées die Schandliese, die Ecole de médecine die goldene Metze usw. Als Hessenpfarrer mußte man diese Ausdrücke kennen, sonst war man verraten und verkauft.

Friedrich Frisius: In Paris während der Monate Juli und August 1870. In: Evangelisches Gemeindeblatt für den Dekanatsbezirk München 9/1914, S. 136

sischen Gemeinde aufgehen zu lassen. Es ging Bodelschwingh in der Sprachenfrage nicht um die Erhaltung des Auslandsdeutschtums: *Stolz ist vom Teufel, auch der Nationalstolz*[43], mit diesem Diktum stellte er unmissverständlich klar, dass ihm jeder nationale Chauvinismus fern lag. Vielmehr ging es darum, die ersten Generationen deutscher Auswanderer zweisprachig zu erziehen, damit sie nicht *mit der Sprache auch die köstlichen Perlen verlieren, die uns Gott der Herr in derselben geschenkt hat*[44]: die deutsche Bibelübersetzung, den deutschen Katechismus, die deutschen Kirchenlieder, Gebetbücher und Erbauungsschriften.

Zu Bodelschwinghs Aufgaben gehörte es auch, Goguel bei der Krankenhausseelsorge an den beiden Hospitälern Lariboisière und St. Louis zu unterstützen. Da es in Paris nur ein einziges kleines evangelisches Krankenhaus gab, waren die meisten Protestanten auf die 28 öffentlichen Hospitäler und Siechenhäuser der Stadt angewiesen, die Kranke aller Nationalitäten und Konfessionen aufnahmen. Unter den evangelischen Patienten überwogen die deutschen Lutheraner, die wegen ihrer Armut auf die kostenlose öffentliche Gesundheitsfürsorge angewiesen waren.

Das Schwergewicht des Bodelschwingh'schen Wirkens verschob sich rasch von der Erziehungsarbeit zum eigentlich geistlichen Amt. Dazu reichte jedoch das erste theologische Examen nicht aus; er benötigte das zweite Examen, das ihm das Recht der Sakramentsverwaltung gab. Bodelschwingh richtete daher die Bitte nach Berlin, Meyer zu ermächtigen, ihn im Auftrag der preußischen Landeskirche für den Dienst der deutschen Mission in Paris zu ordinieren. Der Bitte wurde entsprochen, die zweite theologische Prüfung stillschweigend erlassen. Am 29. August 1858 fand Bodelschwinghs Ordination in der Église des Billettes statt. In seinen Erinnerungen betonte er, es sei ihm wichtig gewesen, in der evangelischen Kirche Augsburger Konfession ordiniert zu werden. Hatten konfessionelle Fragen für Bodelschwingh bis dahin keine allzu große Bedeutung besessen, so gewann er in Paris einen bewusst konfessionellen Standpunkt, an dem er fortan festhielt. Genauer:

Bodelschwingh entdeckte Luther für sich und wurde ein entschiedener Lutheraner, ohne in konfessionelle Enge zu verfallen. Dies hing mit der doppelten Diasporasituation zusammen, in der er sich während seiner Pariser Zeit wiederfand: Zum einen mussten sich die deutschen Lutheraner in Paris in einer ganz überwiegend katholischen Lebenswelt, zum anderen gegen die liberalen Strömungen innerhalb des französischen Calvinismus behaupten.

Im Sommer 1858 nahm ein Projekt erste Gestalt an, das die Pariser Evangelisation auf eine neue Stufe heben sollte. In Belleville entdeckte Bodelschwingh am Eingang zu einem Kalksteinbruch einen bewaldeten Hügel, eigentlich eine alte Abraumhalde, die bei der Freilegung des Steinbruchs aufgeschüttet und später mit Bäumen bepflanzt worden war, «la colline verte», der grüne Hügel, genannt. Bodelschwingh meinte, wie er später berichtete, die Stimme Gottes zu hören, die ihn aufforderte, hier eine «Zufluchtsstätte» für die deutschen Gassenkehrerfamilien zu schaffen.

Zielstrebig machte er sich daran, seine Vision in die Wirklichkeit umzusetzen. Vom Komitee der Evangelischen Mission wurde er im September 1858 zum zehnten Deutschen Evangelischen Kirchentag[45] nach Hamburg entsandt, wo er vor der Gesamtvertretung der inneren Mission um Unterstützung für die Pariser Arbeit werben konnte. Spenderkreise bildeten sich in der Folgezeit in Hamburg, im Wuppertal und im Ravensberger Land, später auch in Frankfurt, Berlin und unter den Auslandsdeutschen in Den Haag. Dagegen lehnte Bodelschwingh das Angebot Wicherns, als Korrespondent der «Fliegenden Blätter aus dem Rauhen Hause» über die Evangelisation unter den Auslandsdeutschen zu berichten, höflich ab. Mehrmals traf Bodelschwingh auf seinen Werbereisen durch Deutschland mit dem Vordenker der inneren Mission zusammen – keinem der beiden waren diese Begegnungen jedoch mehr als eine kurze Erwähnung wert.[46] Offenbar stimmte zwischen Bodelschwingh und Wichern «die Chemie» nicht, es trafen hier wohl zwei allzu starke Charaktere aufeinander. Doch auch ohne Wichern verfügte Bodelschwingh über ein dichtes Beziehungsgeflecht, das weite Bereiche der verfassten Kirche und der inneren Mission umspannte und dank seiner Herkunft in höchste Kreise der preußischen Monarchie reichte.

Nach seiner Rückkehr aus Hamburg mietete Bodelschwingh den Hügel an und ließ dort ein bescheidenes Holzhaus bauen, das als Schule, Kirche, Lehrerwohnung und Pastorat dienen sollte. Auf seiner Reise nach Hamburg hatte Bodelschwingh den Lehrer Heinrich Witt für die Pariser Arbeit angeworben. Dessen erste Aufgabe war es, die Kinder an einen regelmäßigen Schulbesuch zu gewöhnen. Von Schulzwang konnte keine Rede sein. Manche der Kinder blieben ganz fern, weil sie ihren Eltern beim Straßenkehren helfen mussten. Andere verrichteten in der elterlichen Wohnung schlecht bezahlte Heimarbeit oder arbeiteten in den frühen Morgenstunden in einer der zahlreichen Schwefelholzfabriken. Manche der Kinder lebten aber auch mehr oder weniger auf der Straße. Mit viel Geduld und Zuwendung versuchten Witt und Bodel-

Der «Grüne Hügel». Auf einer aufgeforsteten Abraumhalde im Vorort La Villette gründete Bodelschwingh seine erste christliche Kolonie mit Kirche, Schulhaus und Arbeiterheimen.

schwingh, sie an ein geordnetes Schulleben zu gewöhnen. Sie achteten auf *überaus strenge Schulzucht*, in enger Abstimmung mit den Eltern. *Jedes Kind, das ohne Wissen der Eltern die Schule versäumt, wird mit dem Stock nachdrücklich gezüchtigt, und zwar in jedem Wiederholungsfall mit zunehmender Strenge.*[47] Große Probleme bereiteten auch die mangelhaften Deutschkenntnisse der Schüler.

Die Hügelschule befand sich in größter Konkurrenz zu den deutschen Jesuitenmissionen in Paris. In dem Maße, wie die Hügelschule Fortschritte machte, zog sie auch Kinder aus gemischten oder sogar rein katholischen Ehen an, wobei Bodelschwingh mit Rücksicht auf die Behörden eine offene Konfrontation zu vermeiden suchte. Gleichwohl spürt man, dass sich das antikatholische Ressentiment, das Bodelschwingh seit seiner Jugend im Rheinland hegte, in den Pariser Jahren noch verstärkte.

Im Laufe des Jahres 1860 siedelte Bodelschwingh zwölf deutsche Familien in kleinen Holzhäusern auf dem Hügel an, den er auch den *Kleinen Ravensberg* oder *Zionshügel*[48] nannte. 1861 nahm Bodelschwingh einen größeren Neubau in Angriff, der Schule und Kapelle sein sollte. Diese «Hügelkirche» wurde nun zum gottesdienstlichen Mittelpunkt der Deutschen in der nördlichen Banlieue. Im Erdgeschoss der Hügelkirche wurden eine Knaben- und eine Mädchenschule eingerichtet, im alten Schulgebäude entstand eine Kleinkinderschule. Im Dezember 1862 schließlich kaufte Bodelschwingh mit Einverständnis des Missionskomitees den Hügel dem bisherigen Eigentümer ab – unter seinem eigenen Namen, weil die Evangelische Mission nach französischem Recht dazu nicht befugt war. Nur ein Drittel der Kaufsumme konnte bei Vertragsabschluss bezahlt werden, einstweilen lasteten noch etwa 24 000 Franc Schulden auf Bodelschwingh. Diese wurden schließlich durch eine Kirchenkollekte in Preußen abgetragen.

In die Pariser Jahre fiel auch die Heirat Friedrich und Ida von Bodelschwinghs. Es waren zunächst ganz pragmatische Gründe, die in Bodelschwingh den Entschluss heranreifen ließen, sich zu verheiraten – ein unverheirateter junger Pastor erregte Anstoß. Auf einer Werbereise in das Ravensberger Land im September 1860 traf Bodelschwingh mit seinem Cousin Wilhelm von Diest zusammen, der ihm erklärte, er gebe Ida frei, und ihn ermutigte, um ihre Hand anzuhalten. Bodelschwingh bat Diest, er möge sich in einem Brief an Idas Eltern erklären, er selbst wandte sich ebenfalls brieflich an Karl von Bodelschwingh. Ein fragmentarischer Entwurf dieses Briefes ist erhalten geblieben, während die Reinschrift und auch die Antwort Karl von Bodelschwinghs verloren gegangen sind.

Lieber Onkel! Nachdem ich soeben ausführlich mit meiner guten Mutter geredet und ihre fröhliche Einstimmung zu diesen Zeilen erhalten habe, wende ich mich getrost an Dich und an die liebe Tante mit einer recht großen Bitte, ich bitte Euch herzlich: Gebet mir Eure Ida. – Ich weiß, teurer Onkel, dass ich ein Großes bitte und dass Euch die Gewährung meiner Bitte Kampf kosten wird, aber doch habe ich Freudigkeit, der liebe Gott werde Euch endlich auch ein fröhliches Ja ins Herz geben, weil ich mir bewusst bin, dass ich allein auf Ihn hin diese Bitte wage. Was ich meinerseits für eine so große Gabe zu bieten habe, ist sehr wenig und doch auch wiederum sehr viel. Ich kann Euch für Euer Kind nur eine sehr bescheidene, verborgene irdische Stellung versprechen; sie muss wirklich in Bezug auf die äußeren Lebensverhältnisse eine ziemliche Stufe abwärts steigen, wenn sie mir folgen will; mein gegenwärtiger Beruf und meine Vermögensverhältnisse gebieten mir, mich herunterzuhalten zu den Niedrigen.[49]

Onkel und Neffe scheinen sich sofort einig gewesen zu sein. Fast sieht es so aus, als sei über Idas Kopf hinweg von Männern über diese Heirat verhandelt worden – Wilhelm von Diest, Friedrich und Karl von Bodelschwingh. Wir wissen wenig darüber, wie Ida sich dazu stellte. Klar ist, dass sie über ihre unglückliche Liebe zu Wilhelm von Diest noch nicht hinweg war. Auf der anderen Seite dürfte die Aussicht, an der Seite des «Gassenkehrerpastors» nach Paris zu gehen, für sie nicht ohne Reiz gewesen sein. Sie war in demselben religiösen Milieu aufgewachsen wie Friedrich von Bodelschwingh. Schon früh war Ida auch mit den Werken der inneren Mission in Berührung gekommen. Theodor Fliedner, der sich der Unterstützung Karl von Bodelschwinghs erfreute, hegte wohl die Hoffnung, sie für sein Mutterhaus gewinnen zu können – jedenfalls hatte er ihr 1853 den «Selbstprüfungsbogen» für angehende Kaiserswerther Diakonissen zugeschickt. Ein Eintritt in das Diakonissenmutterhaus verbot sich jedoch wegen Idas schwacher Gesundheit, allerdings unterstützte sie in der Folgezeit die Arbeit Fliedners nach Kräften und engagierte sich in der Armenpflege des Berliner Doms.

In seinen Heiratsplänen sich ließ Bodelschwingh durch Bedenken im Hinblick auf die enge Blutsverwandtschaft zwischen den Brautleuten nicht beirren – tatsächlich musste vor der Hochzeit von den Behörden eine Ausnahmegenehmigung erwirkt werden. Am 18. April 1861 wurden Friedrich und Ida von Bodelschwingh getraut.

Die Ankunft in Paris scheint für Ida ein Schock gewesen zu sein – derart primitive Lebensbedingungen hatte sie wohl trotz der Vorwarnungen ihres Mannes nicht erwartet. Doch gelang es ihr, sich in der fremden Umgebung einzuleben. Im Februar 1863 brachte sie ihr erstes Kind, den kleinen Ernst, zur Welt – und war nun offenbar am Ende ihrer Kräfte. Sie entwickelte eine «schwere Wochenbettpsychose»[50] und wurde zur Behandlung abermals in den Schweizerhof nach Zehlendorf gebracht. Im Mai 1863 holte Friedrich seine Frau in Zehlendorf ab und brachte sie zum Haus Heide, wo die junge Familie einen Monat blieb, damit Ida sich erholen konnte. Die Ärzte hatten ihr von einer Rückkehr nach Paris abgeraten.

Vor diesem Hintergrund musste Bodelschwingh zu einer Entscheidung über seinen weiteren Lebensweg kommen. 1862 hatte er noch die Stelle eines Gesandtschaftsgeistlichen in Konstantinopel, die ihm Otto von Bismarck, damals preußischer Gesandter in Paris, antrug, leichten Herzens ausgeschlagen. Wenig später wurde ihm die Leitung der Düsseltaler Anstalten angeboten, die zu den ältesten Rettungshäusern Deutschlands gehörten. Bodelschwingh zögerte lange, und schließlich zerschlugen sich die Verhandlungen. Während seines Aufenthalts in Haus Heide eröffnete sich nun plötzlich eine ganz neue Perspektive, als Bodelschwingh in Dellwig im Kirchenkreis Unna eine Probepredigt hielt und die Gemeinde ihn im September

Ida von Bodelschwingh mit ihrem ersten Kind Ernst, um 1864. Die Tochter des preußischen Finanzministers musste lernen, sich in den primitiven Lebensverhältnissen der «Hügelgemeinde» zurechtzufinden.

zum Pfarrer wählte. Gleichzeitig versuchte Spittler, Bodelschwingh für die Leitung der Pilgermission St. Chrischona zu gewinnen. Nach kurzem Zögern sagte Bodelschwingh im Oktober 1863 in Dellwig zu.

Westfälischer Landpastor (1864–1871)

Am 1. Mai 1864 trat Bodelschwingh seinen Dienst als zweiter Pfarrer in Dellwig an. Das kirchliche Leben in seiner Gemeinde empfand er als *kühl, wenn nicht lauwarm*[51]. Der junge, energische Pastor sorgte gleich für frischen Wind. Vor allem aber ging es ihm darum, der Gemeinde das in seinen Augen heidnische Brauchtum auszutreiben. Insbesondere die Alkoholexzesse bei Hochzeitsfeiern, Taufen, Leichenbegräbnissen und Tanzfesten waren ihm ein Dorn im Auge. Bei seiner Amtseinführung war er auf das Augsburgische Bekenntnis verpflichtet worden, doch war von einem besonderen lutherischen Charakter in der Gemeinde Dellwig wie in der gesamten ehemaligen Grafschaft Mark wenig zu spüren. Bodelschwingh führte dies auf den nivellierenden Einfluss der Union zurück. In der Kreissynode sorgte er als «junger Wilder» für Unruhe, indem er eine entschieden lutherische Position bezog. Überhaupt stieß er sich an der Saturiertheit der evangelischen Kirche im Märkischen Land. In die Pfarrerschaft hatte sich, da in der rein protestantischen Region die Konkurrenz der katholischen Kirche fehlte, *eine gewisse gemütliche Sicherheit und ein mehr oder weniger materieller Sinn eingeschlichen*[52]. Der amtskirchliche Bürokratismus war ihm ein Gräuel: «Hier schon zeigte Bodelschwingh eine souveräne Verachtung des kirchlichen Amtsschimmels.»

Seit Anfang 1865 gab Bodelschwingh als verantwortlicher Redakteur ein Sonntagsblatt für die Grafschaft Mark heraus, den «Westfälischen Hausfreund». Es handelte sich nicht eigentlich um ein kirchliches Blatt, es war aber von seiner Ausrichtung her «altpreußisch-konservativ und christlich»[53]. Der «Westfälische Hausfreund» blieb eine unbedeutende Postille – er erreichte nie mehr als 1100 bis 1200 Abonnenten. Als Autor beschränkte sich Bodelschwingh weitgehend auf das kirchliche Gebiet. Gleichwohl bestimmte er als verantwortlicher Herausgeber das politische Profil des Blattes.

Hervorstechendes Merkmal war die kämpferische Wendung gegen den «liberalen Zeitgeist». Scharf griff der «Westfälische Hausfreund» alles an, was den Geruch des «Freisinns» an sich trug. Hauptangriffsziel Bodelschwinghs waren – mehr

Die von Friedrich von Bodelschwingh entworfene Vignette des «Westfälischen Hausfreunds»: Die Kirche als Mittelpunkt eines ländlich geprägten Gemeinwesens bringt das altkonservative Programm des Sonntagsblattes auf den Punkt.

noch als der erstarkende Ultramontanismus – die liberale Theologie und ihre politische Plattform, der 1863 gegründete Deutsche Protestantenverein. Die evangelische Kirche, so Bodelschwingh, dürfe kein *offener Tummelplatz aller nur möglichen menschlichen Meinungen, Sekten und Satzungen*[54] werden. Der Bekenntnisunion stand Bodelschwingh äußerst skeptisch gegenüber – eindringlich warnte er vor *der bösen Bundesgenossenschaft der Halbgläubigen und Ungläubigen im Lande, die eine Union der Gleichgültigkeit, eine Gleichmacherei auf Kosten alles positiven Glaubens anstreben*[55]. Auch sprach er sich energisch gegen die Übertragung des politischen Wahlsystems auf die Kirche aus und erteilte allem «kirchlichen Wahlwesen» bis hinunter auf die Gemeindeebene eine klare Absage. Dies klingt nach engstirnigem Konfessionalismus, Pharisäertum, starrer Orthodoxie und stramm hierarchischem Denken. Aber Bodelschwingh hatte gegenüber dem theologischen Liberalismus ein starkes Argument auf seiner Seite: *Allein jedermann weiß, dass der Protestantenverein und alle seine Vorläufer* n i e *einen Finger angerührt haben zur Rettung verlorner Menschenherzen – nie einen Finger zur Heidenmission, nie einen Finger für christliche Pflege der Kranken, der Gefangenen, der verlassenen Kindlein [...].*[56] In der Tat waren und blieben Mission und Diakonie lange eine Domäne der Erweckten, die pietistisch, aber alles andere als quietistisch geprägt waren.

In diesem Kontext griff Bodelschwingh im «Westfälischen Hausfreund» auch die soziale Frage auf. Dabei ist seine Position nur zu verstehen, wenn man sich vergegenwärtigt, dass er die soziale Frage als eine Frage der christlichen Ethik auffasste, vor dem Hintergrund seiner religiösen Sozialisation auch gar nicht anders auffassen konnte. Ihre Ursachen sah er, dem pessimistischen Menschenbild der Erweckungsbewegung gemäß, im moralischen Versagen vor allem der Unternehmer, die in ihrem ungebremsten Profitstreben ihrer sittlichen Verpflichtung zur paternalistischen Fürsorge für ihre Arbeiter nicht nachkamen, aber auch im moralischen Versagen der Arbeiter, die dem schlechten Beispiel der Unternehmer folgten, nur noch nach raschem Verdienst strebten und darüber den Respekt vor der göttlichen und weltlichen Ordnung verloren. Moralisches Versagen sah Bodelschwingh schließlich auch auf der Seite des Manchesterliberalismus – indirekt kritisierte er damit den preußischen Staat, der auf dem Feld der Wirtschaftspolitik den Forderungen des liberalen Bürgertums zu dieser Zeit weit entgegenkam. In letzter Konsequenz machte Bodelschwingh die Gottvergessenheit der Gesellschaft für die Entstehung der sozialen Frage verantwortlich. Beispielhaft kommt seine soziale Diagnose in seinem Aufsatz über *Die Arbeiterfrage* aus dem Jahre 1869 zum Ausdruck: *Ist es nicht eben das Geld, der nackte Mammon – mit den irdischen Lüsten und Freuden, die er gewährt, welches durch die Industrie, den angebeteten Götzen unseres Jahrhunderts, auf den Thron gesetzt ist? Trachtet am ersten nach Geld, nach recht viel Geld [...]. So predigen die liberalen aufgeklärten Sozialpolitiker des 19. Jahrhunderts. Die Industrie bedarf zu ihrer Blüte des Luxus, des raffinierten Wohllebens, je mehr in*

Eitelkeit konsumiert wird, desto höher der Wert des Kapitals, das um so schneller umrollt und sich vervielfältigt. Das sieht der Mann mit den schwieligen Händen, oder mit dem blassen Gesicht, der als ein fast willenloses Stück an irgend eine Maschine gehängt ist, und der in dieser Zeit, wo alle patriarchalischen, persönlichen Bande zerreißen, zu einer Ware auf dem Sklavenmarkt der freien Konkurrenz heruntergesunken ist. Was Wunder, wenn ein solcher sich selbst ums Geld meistbietender und verkaufender Mensch selbst zum Mammonsknecht wird! Was Wunder, wenn er denkt, dass wenn es einmal nur ums Geld, ums Genießen, ums Diesseits sich handelt, dass er auch seinen Teil daran haben will, und wenn es nicht anders geht, mit Gewalt. Was Wunder, wenn das Berliner Arbeiterorgan den Predigern der neuen Glückseligkeit, und Anbetern des Industriegötzen zuruft: Ihr erbärmlichen Pharisäer aus der freien Gemeinde und des liberalen Bürgertums, die ihr dem Volke den Trost des frommen Glaubens entrissen habt, und doch das eiserne Joch der Maschinen nicht von ihm nehmen wollt, wo ist eure Logik? Die Logik der Weltgeschichte ist strenger, als die eure: «Mit dem Himmel ist's vorüber – das Volk ist berechtigt die Erde zu reklamieren.»[57]

Seine eigene Aufgabe als Pastor und Publizist sah Bodelschwingh zuvorderst darin, Unternehmern, Arbeitern und Politikern ins Gewissen zu reden. Er konnte aber dabei nicht stehen bleiben. Bodelschwinghs dringendste Forderungen betrafen das Verbot der Sonn- und Feiertagsarbeit und die rigide Regelung des Branntweinausschanks. Bodelschwingh trat ferner für ein Verbot der Kinderarbeit, eine gesetzliche Regelung der Arbeitszeiten und die Förderung des Arbeiterwohnungsbaus ein. Schließlich ließ er im «Westfälischen Hausfreund» den Sozialpolitiker Victor Aimé Huber,

1850 Franz Hermann Schulze-Delitzsch gründet mit dem «Vorschußverein» in Delitzsch die erste genossenschaftliche «Volksbank» in Deutschland.

1862 Friedrich Wilhelm Raiffeisen gründet den Spar- und Darlehenskassenverein für das Kirchspiel Anhausen und legt damit den Grundstein für das moderne ländliche Genossenschaftswesen.

1863 In seiner Schrift «Kapitel zu einem deutschen Arbeiterkatechismus» zieht Schulze-Delitzsch gegen Ferdinand Lassalle und seinen neu gegründeten Allgemeinen Deutschen Arbeiterverein zu Felde.

1867 Preußisches Genossenschaftsgesetz verabschiedet.

den Vordenker einer genossenschaftlichen Selbsthilfe der Arbeiter im konservativen Lager, zu Wort kommen. Dagegen wurde die Koalitionsfreiheit im «Westfälischen Hausfreund» unter dem Eindruck von Arbeiterunruhen im Wuppertal und am Rhein als Danaergeschenk an die Arbeiter zurückgewiesen. Die im Entstehen begriffene Sozialdemokratie begriff Bodelschwingh von Anfang an als weltanschaulichen Gegner, wobei er – im Gegensatz zu vielen anderen konservativen Zeitgenossen – gleich erkannte, dass der Sozialismus auf lange Sicht eine größere Gefahr für den Konservativismus darstellte als der Liberalismus.

Als 1866 der Krieg zwischen Preußen und Österreich ausbrach, war Bodelschwingh fest davon überzeugt, dass das Recht aufseiten Preußens war. In nationale Begeisterung verfiel er deswegen nicht – für ihn waren und blieben Kriege *Gottes Gerichte über Fürsten und Völker*[58]. Freiwillig meldete er sich als Feldprediger, ebenso vier Jahre später, im Deutsch-Französischen Krieg. Obwohl für ihn auch dieses Mal völlig außer Frage stand, dass Preußen das Recht auf seiner Seite hatte, warnte Bodelschwingh immer wieder vor nationaler Kriegspropaganda. In den Lazaretten kümmerte er sich um die französischen Verwundeten mit gleicher Hilfsbereitschaft wie um die deutschen, wobei ihm seine französischen Sprachkenntnisse zugute kamen.

Bodelschwinghs christliche Überhöhung des Sterbens auf den Schlachtfeldern ist vor dem Hintergrund seiner Erfahrungen mit Krankheit, Tod und Trauer im engsten Familienkreis zu sehen. In Dellwig hatte Ida, die in Westfalen zusehends wieder zu Kräften gekommen war, drei weitere Kinder zur Welt gebracht: Elisabeth (1864), Friedrich (1866) und Karl (1867). Um die Jahreswende 1868/69 wurde die Familie von einer Katastrophe heimgesucht. Zunächst erkrankte der älteste Sohn Ernst an «Stickhusten»[59], der zu einer Lungenentzündung führte. Die übrigen Kinder steckten sich an. Innerhalb von zwei Wochen verloren Ida und Friedrich von Bodelschwingh alle vier Kinder: Friedrich starb am 12., Elisabeth am 20., Karl am 24. und Ernst schließlich am 25. Januar 1869.

Friedrich von Bodelschwingh mit seinen Kindern Ernst und Elisabeth. Kurze Zeit später starben die Kinder an Diphtherie.

Meine teure Mutter! Gestern abend um 11 Uhr hat unser lieber kleiner Friedrich auf dem Schoß seiner Mutter sein Köpfchen sehr sanft in den Schlaf geneigt. – Keinen Klageton und keinen Schmerzenslaut hat das liebe Kind in seinen sechs ernsten Krankheitstagen von sich gegeben. – Das ist freundlich vom Herrn. – Er wolle uns nun selbst ganz willig machen, ihm dies Erstlingsopfer – und wenn es sein muß, auch unsere andern drei Kindlein darzubringen. – Er wolle die Wunde, die er unserem Herzen geschlagen, uns zu recht gründlicher Buße, aber auch zur Stärkung unseres schwachen Glaubens, zum G e b e t u m G l a u b e n dienen lassen; er wolle unsere Herzen recht fest und dauernd nach dem Himmel richten und uns helfen, dass wir unseren Wandel schon jetzt dort führen, wo wir ewig zu sein wünschen.[60]

Aus diesem Brief hört man – neben dem tiefen Schmerz über den Tod des Kindes und der akuten Angst um das Leben der anderen – noch etwas von der tiefen Glaubensnot heraus, in die sich Bodelschwingh durch das Leiden der Kinder gestürzt sah. Vor allem aber merkt man ihm das Bemühen an, das unfassbare Geschehen in den theologischen Kategorien von Strafe, Buße, Gnade und Heiligung zu verstehen.[61] Bodelschwingh deutete das furchtbare Ereignis als Strafe Gottes dafür, dass die Eltern allzu sehr an ihren Kindern gehangen hatten. Das Leiden der sterbenden Kinder spiegelte für ihn zudem das Leiden Jesu wider – daraus folgte ein heilsames Erschrecken über die eigene Sündhaftigkeit, das in die Buße, die Beugung und Brechung des Eigenwillens, die völlige Unterwerfung unter den Willen Gottes mündete. Zugleich meinte Bodelschwingh in dem schweren Leiden der sterbenden Kinder, das er ja als schwachen Abglanz des Leidens Jesu verstand, gleichsam ein umgekehrtes Spiegelbild der unermesslichen Gnade Gottes und der Kraft der Vergebung der Sünden zu erkennen. Daraus schöpfte er Trost und Stärke, um im Gehorsam gegen den strafenden und aus Dankbarkeit gegenüber dem gnädigen Gott den Weg tätigen Erbarmens zu gehen.

Diese eigentümliche Sterbefrömmigkeit hatte ihre Wurzeln bereits in der Kindheit und Jugend Friedrich von Bodelschwinghs. Sie war ein Reflex der vielfältigen Erfahrungen mit Sterben und Tod in der Familie, vor allem den schweren Krankheitsschüben des Vaters und dem Tod der Brüder Ernst (1833), Karl (1845), Ludwig (1846) und Ernst (1863) und zuletzt der jüngsten Schwester Sophie (1868). Am Krankenlager der eigenen Kinder nahm diese Sterbefrömmigkeit ihre endgültige Gestalt an. Den Tod der geliebten Mutter am 27. Mai 1869 deutete er schon ganz in diesem Sinne. Aus heutiger Sicht ist diese Form der Frömmigkeit nur schwer nachzuvollziehen. Befremdlich wirkt, dass Bodelschwingh in einem Artikel *Von dem Leben und Sterben vier seliger Kinder*, den er schon im Februar/März 1869 veröffentlichte (und der als Broschüre bis in die Gegenwart immer wieder neu aufgelegt worden ist), den Tod der eigenen Kinder als Vorbild für ein «gelungenes» Sterben, das es «zu erlernen» gelte, gleichsam zu einem öffentlichen Ereignis machte.[62]

Es ist bezeichnend, dass sich Bodelschwingh unmittelbar nach dem Tod seiner eigenen vier der Rettungsarbeit für verwaiste Kinder annahm. Entscheidend trug er zum Erhalt des Bugenhagenstifts in Ducherow, eines Heims für pommerische Lehrerwaisen, bei. In seiner westfälischen Heimat half er, eine ähnliche Einrichtung, das Hellweger Erziehungshaus, zu gründen. Letztlich bildete die Sterbefrömmigkeit die Zentralachse, um die alle künftigen Werke Bodelschwinghs kreisten.

Bodelschwinghs Verklärung des Sterbens seiner Kinder drängte Idas Trauer in den Hintergrund. Sie war zwar in derselben Gedanken- und Gefühlswelt aufgewachsen wie ihr Mann und teilte wohl seine Deutung des Schicksalsschlages, der die Familie heimgesucht hatte, doch darf man wohl auch annehmen, dass sie schwerer an dem Tod ihrer Kinder trug.[63] Eine zusätzliche Last, aber auch ein Trost mag ihr gewesen sein, dass sie gleich wieder schwanger wurde und am 27. September 1869 ein fünftes Kind zur Welt brachte, den Sohn Wilhelm.

Dellwig war für Ida und Friedrich von Bodelschwingh ein Ort voller schmerzlicher Erinnerungen geworden. Bodelschwingh begann, über einen Wechsel auf ein anderes Arbeitsgebiet ernsthaft nachzudenken. Aus dem Raum der äußeren und inneren Mission kamen mehrere interessante Angebote. Nach dem Tod Spittlers im Jahre 1867 sollte er die Leitung der Pilgermission St. Chrischona übernehmen. 1869/70 wurde ihm von der Berliner Mission zunächst ein Arbeitsfeld in Indien angeboten, schließlich wollte man ihn sogar für die Stelle des Missionsinspektors gewinnen. 1870 drängte ihn sein Schwiegervater, die Leitung des Berliner Zentraldiakonissen-

Ida von Bodelschwingh, 1869. Der Tod ihrer ersten vier Kinder belastete sie bis an ihr Lebensende.

hauses Bethanien zu übernehmen. Bodelschwingh schlug jedoch alle Offerten aus – teils aus Rücksicht auf Ida, teils wohl auch mit Blick auf seine Gemeinde. Bei den Verhandlungen wurde mehr und mehr deutlich, dass er Westfalen ungern verlassen wollte. Deshalb kam ihm der Ruf, der ihn 1871 aus Bielefeld erreichte, gerade recht.

Bethel, Sarepta und Nazareth – die Aufbauphase (1872–1884)

Die geschlossene Fürsorge für Epilepsiekranke[64] war um die Mitte des 19. Jahrhunderts über erste Anfänge noch nicht hinausgekommen. Im Westen Preußens tat die innere Mission einen ersten Schritt, indem sie in ihre Anstalt Hephata in Mönchengladbach, die 1859 zur Pflege «schwachsinniger» Kinder aus dem Rheinland und Westfalen gegründet worden war, anfangs auch «epileptische» Kinder aufnahm. 1865 gab man diese Praxis jedoch wieder auf, weil man zu der Überzeugung gelangt war, dass die «Epileptischen» gesondert von den «Schwachsinnigen» untergebracht werden müssten. Der Rheinisch-Westfälische Provinzialausschuss fasste daraufhin die Gründung einer kleinen Anstalt für «noch bildungsfähige epileptische Knaben» in Westfalen ins Auge. Unterstützt wurde das Vorhaben durch eine Gruppe christlich-konservativer Honoratioren aus der Stadt Bielefeld und die Pastoren der Ravensberger Erweckungsbewegung. Dieser Kreis trieb das Projekt rasch voran und erwarb einen zur Amtsgemeinde Gadderbaum gehörenden Bauernhof im Kantensiek, einem schmalen Tal im Teutoburger Wald südlich von Bielefeld.

Als Inspektor wurde der vom württembergischen Pietismus geprägte Lehrer Johannes Unsöld gewonnen. Als geistlichen Leiter verpflichtete der neu gebildete Verwaltungsrat Pfarrer Friedrich Simon aus Bensheim. Neben der Leitung der «Evangelischen Heil- und Pflegeanstalt für Epileptische Rheinlands und Westfalens» wurde Simon mit der seelsorgerlichen und sozialen Betreuung der Arbeitersiedlung betraut, die um die 1854 gegründete Ravensberger Spinnerei, bald eine der größten Textilfabriken Deutschlands, entstanden war, weshalb auch die Unternehmer einen großen Teil seiner Besol-

Die Rheinisch-Westfälische Anstalt für Epileptische im Kantensiektal. Zeichnung eines Patienten

dung übernahmen. Am 6. November 1867 wurde die Anstalt eingeweiht – bis zu diesem Zeitpunkt waren sechs epilepsiekranke Jungen aufgenommen worden. Die meisten der aufgenommenen Kranken konnten keineswegs als «bildungsfähig» gelten, sondern waren körperlich oder geistig schwer behindert. Es zeichnete sich bereits ab, dass die Anstalt «mit der Zeit immer mehr den Charakter eines Asyls annehmen» würde, «in welchem die Pfleglinge bis zum Tode bleiben».[65] Im ersten Jahr wurden 24 Patienten aufgenommen. 1869 wurde mit der Planung eines Neubaus auf der «Langenwende» in Gadderbaum begonnen, der Platz für hundert Patienten bieten sollte.

«Zweite Keimzelle»[66] Bethels war das Bielefelder Diakonissenmutterhaus, das – in unmittelbarer Konkurrenz zu den katholischen Franziskanerinnen – am 31. März 1869 am südlichen Stadtrand Bielefelds gegründet wurde. An diesem Tag trafen die ersten drei Diakonissen aus Kaiserswerth ein, darunter Emilie Heuser als «Oberin». Die schlesische Pfarrerstochter hatte einen für eine Frau zur damaligen Zeit höchst ungewöhnlichen Berufsweg hinter sich. In Kaiserswerth war sie als

Emilie Heuser, Vorstehende Schwester des Diakonissenmutterhauses Sarepta, hatte in den 1850er/60er Jahren unter schwierigsten Bedingungen im Nahen Osten gearbeitet.

Krankenpflegerin und Apothekerin ausgebildet worden, hatte drei Jahre lang, von 1857 bis 1860, in den Krankenhäusern von Alexandria und Jerusalem gearbeitet und dabei Arabisch gelernt. 1860 brach sie in den Libanon auf, um sich nach einem Christenpogrom der Waisen in Sidon, Tyros und Beirut anzunehmen. 1861 lebensgefährlich an Typhus erkrankt, wurde sie nach Deutschland zurückberufen und übernahm 1862 die Leitung der Schwestern im Gütersloher Krankenhaus.[67] Geistlicher Vorsteher des neuen Mutterhauses wurde Friedrich Simon, der daneben die Leitung der Epileptischenanstalt und die Arbeit in der Ravensberger Spinnerei beibehielt.

Das Mutterhaus erlebte eine rasche Aufwärtsentwicklung. Ende 1871 zählte es bereits zehn eingesegnete Schwestern und 17 Probeschwestern. Das erste Arbeitsfeld war die Krankenpflege an Frauen und Kindern im eigenen Haus. 1870 übernahmen die Bielefelder Schwestern auch die Pflege im Bielefelder

Städtischen Krankenhaus. Die ersten auswärtigen Arbeitsfelder wurden eröffnet. 1870/71 meisterten die Bielefelder Diakonissen bei der Pflege verwundeter Soldaten in den Heimatlazaretten ihre erste Bewährungsprobe. Zu dieser Zeit wurde ein Neubau des Diakonissenhauses am Rande der Stadt in Aussicht genommen.

Friedrich von Bodelschwingh hatte bis dahin mit den beiden Bielefelder Werken nur insofern zu tun gehabt, als er Spendenaufrufe und Berichte im «Westfälischen Hausfreund» abgedruckt hatte. Die Dinge nahmen eine Wende, als Friedrich Simon sich im Sommer 1871 entschloss, die neu geschaffene dritte Pfarrstelle an der Altstädter Gemeinde zu übernehmen, um sich auf seine Arbeit in den Arbeiterquartieren konzentrieren zu können. Somit wurde für die Epileptischenanstalt und das Diakonissenmutterhaus ein neuer Geistlicher Vorsteher gesucht. Mehrere Kandidaten kamen in die engere Auswahl, darunter auch Friedrich von Bodelschwingh. Da er in der Ravensberger Erweckungsbewegung wohl bekannt war, fiel die Wahl auf ihn. Und nach nur kurzer Bedenkzeit nahm Bodelschwingh den Ruf an.

Friedrich von Bodelschwingh war also nicht, wie immer wieder irrtümlich behauptet wird, der Gründer der Epileptischenanstalt und des Diakonissenmutterhauses. Er übernahm vielmehr beide Einrichtungen, nachdem sie ihre Gründungsphase durchlaufen hatten und in eine erste Ausbauphase eingetreten waren. Bodelschwingh griff jedoch sofort in die laufenden Planungen ein und schuf so die Voraussetzungen für einen Expansionsschub, der die kühnsten Erwartungen übertreffen sollte. Gewiss: Zur Zeit des Kaiserreichs kam es, wie eingangs erwähnt, zu einem beispiellosen Gründungsboom staatlicher, privater und vor allem auch konfessioneller Anstalten. Insofern fügt sich die weitere Entwicklung der beiden in Bielefeld begonnenen diakonischen Werke in die Entstehungsgeschichte des modernen Sozialstaats ein. Dass jedoch aus den bescheidenen Anfängen in Bielefeld der größte Komplex von Anstalten und Wohlfahrtseinrichtungen Europas entstand, das

Der Schöpfer Bethels: Friedrich von Bodelschwingh
im vierten Lebensjahrzehnt

war die ureigenste Leistung Bodelschwinghs. Er entfaltete eine ungeheure Energie, die rastlos vorwärts drängte, keine Atempause duldete, keine Grenzen, Satzungen, Festlegungen anerkannte. Kaum hatte er eine Aufgabe gemeistert, stürzte sich Bodelschwingh schon in die nächste. Er zog ein Arbeitsfeld nach dem anderen an sich, ohne nach Zuständigkeiten, Kosten oder Risiken zu fragen. Nach außen hin wirkte Bodelschwingh milde, heiter, herzlich, gelassen und gutmütig – und das war keineswegs eine Maske. Doch verbarg sich hinter diesem irenischen Habitus ein stahlharter Wille. Sein Aktivismus hatte etwas Bezwingendes, Drängendes, manchmal auch Getriebenes. Zwei Grundzüge seiner ganz eigentümlichen Glaubenswelt führten zur Ausprägung dieses ungemein kraftvollen Tatchristentums: Zum einen hielt er trotz seiner Hinwendung zum Luthertum an «der Herauslösung des Heiligungsbegriffs aus Luthers Verständnis der Rechtfertigung durch den Pietismus»[68] fest. In Bodelschwinghs Augen hatte der wiedergeborene Christ seine Gottesliebe in der tätigen Nächstenliebe immer wieder zu erneuern, um sich des von Christus erworbenen Heils würdig zu erweisen und es zu bewahren. Zum anderen darf man die eschatologische Komponente in Bodelschwinghs Glaubenswelt nicht übersehen. Die unterschwellig wirksame Naherwartung zog seinem «Rettungswerk» einen engen Zeithorizont. Das Gefühl, keine Zeit verlieren zu dürfen, trieb ihn an, und er, der Getriebene, riss die Menschen in seiner Umgebung unwiderstehlich mit.

Das zeigte sich schon am 5. Februar 1872, knapp zwei Wochen nach seinem Umzug von Dellwig nach Bielefeld, als er im Vorstand der Diakonissenanstalt den Beschluss durchsetzte, das Gelände in der Stadt aufzugeben und das neue Diakonissenmutterhaus stattdessen auf der Langenwende, in unmittelbarer Nähe des Neubaus der Epileptischenanstalt, zu erbauen. Bodelschwingh wollte die beiden Werke miteinander verzahnen, indem die Epileptischenanstalt ihre Arbeit auch auf epilepsiekranke Frauen und Mädchen ausdehnte und deren Pflege von den Diakonissen des Mutterhauses übernommen wurde. Im September 1872 beschloss der geschäftsführende Ausschuss der Epileptischenanstalt auf Initiative Bodelschwinghs, dass im Neubau «möglichst bildungsfähige Kinder beiderlei Geschlechts» aufgenommen werden sollten, dazu «bildungsfähige Jünglinge», während der Altbau im Kantensiek – der 1877 den Namen Ebenezer («Stein der Hilfe») erhielt – fortan «als Asyl für erwachsene Epileptische» genutzt werden sollte.

Am 31. Mai 1873 bezog Unsöld mit 16 epilepsiekranken Jungen den noch nicht ganz fertigen Neubau. Der Andacht, die er bei dieser Gelegenheit hielt, legte Unsöld den Bibeltext 1. Mose 35, 1–15 zugrunde, in dem berichtet wird, wie der Erzvater Jakob zu Bethel einen Altar für Gott errichtete. Bethel war auch der Ort, an dem Jakob von der Himmelsleiter geträumt und gesagt hatte, hier seien die Pforten des Himmels (1. Mose 28, 1–22). Bodelschwingh habe damals, so berichtete es Unsöld später, spontan beschlossen, dass die Epileptischenanstalt den Namen *Bethel* («Haus Gottes») bekommen sollte. Zwar entschied der Verwaltungsrat, dass es bei dem alten Namen bleiben sollte, doch setzte sich Bodelschwingh über diesen Beschluss souverän hinweg, indem er in seinen Publikationen den neuen Namen verwendete und einfach abwartete, bis dieser sich eingebürgert hatte. Schließlich gab der Verwaltungsrat seinen Widerstand auf und fasste am 25. November 1874 den förmlichen Beschluss, der Epileptischenanstalt den Namen Bethel zu geben.

Auch der Name des neuen, im Sommer 1875 endgültig fertig gestellten Diakonissenmutterhauses ging auf einen Vorschlag Bodelschwinghs zurück. Im Januar 1876 beschloss man, dass in Anlehnung an die Erzählung von der Witwe aus Sarepta, die, obwohl dem Hungertod nahe, den Propheten Elias bewirtete (1. Kön. 17, 8–16), dem Westfälischen Diakonissenmutterhaus den Namen Sarepta – «Schmelzhütte» – zu geben. In der doppelten Namengebung spiegelte sich das diakonische Konzept Bodelschwinghs, das auch in den beiden Glocken der gotischen Türmchen der Sareptakapelle einen symbolischen Ausdruck fand. Ein Teil des Metalls für diese beiden Glocken wurde aus alten Kupfer- und Silbermünzen gewonnen, die man zu diesem Zweck zwei Jahre lang gesammelt hatte. Die eine der beiden Glocken erhielt den Namen «Sarepta» und die

Das 1875 fertig gestellte Diakonissenmutterhaus Sarepta. Der Aufbau Bethels gründete sich auf «die Kraft der Frauen und die Macht der Religion». Links Bodelschwinghs Pfarrhaus am Jägerbrink

Umschrift «Er wird sitzen und schmelzen und das Silber reinigen» (Maleachi 3, 3) – dieses Bibelwort findet sich bis heute auch als Inschrift am Giebel des Mutterhauses –, die andere den Namen «Bethel» mit der Umschrift «Hier ist nichts anderes als Gottes Haus, hier ist die Pforte des Himmels» (1. Mose 28, 17). Bei der Einweihung am Ostermorgen 1878 erklärte Bodelschwingh die darin liegende Symbolik: *Gleich wie aus den unreinen, wertlosen, durch ihren Wandel in der Welt befleckten Pfennigstücken, welche die Liebe der Sammler zusammengelesen und das Feuer des Glockengießers geläutert hätten, nun solche wertvollen Werkzeuge der Barmherzigkeit geworden wären, die hoch in den Lüften Gottes Ehre verkündeten, so sollte Sarepta allen armen Kranken, die die Liebe hierher von den Hecken und Zäunen zusammengelesen, als Schmelzhütte dienen, in welcher das Feuer der göttlichen Liebe auch unter schweren Leiden bußfertig und dankbar erkannt und die Seelen zu Gottes ewigem Preis und Ruhm zurechtgeschmolzen würden. Dann würde auch die andere Glocke «Bethel» ihren Namen mit Ehre tragen und dem Hause, zu dem sie riefe, gewiß auch die Himmelsleiter nicht fehlen und die Engel Gottes nicht, welche die also zubereiteten Kreuzesgenossen in das rechte Gotteshaus geleiteten.*[69]

Die Epilepsie galt damals trotz gewisser Fortschritte in der Behandlung als unheilbar. Die meisten Epilepsiekranken starben zu jener Zeit bereits in jungen Jahren. Gerade dies sprach Bodelschwingh elementar an. Er fing an, in Bethel eine Gemeinde der früh Sterbenden zu versammeln. Die Epilepsie sei den Kranken von Gott auferlegt, um ihnen *Heil und Segen zu bringen*[70], die Anfälle sollten sie als vorweggenommene Todesnächte begreifen, in denen sie lernten, ihren Eigenwillen zu brechen und sich in Gottes Hand zu geben. Die Kranken und die Pflegenden sollten gemeinsam einen Läuterungsprozess durchlaufen, sie sollten sich zu *eine[r] muntere[n] Pilgerschar* zusammenfinden, die gemeinsam unterwegs war auf dem Weg durch *das Schmelzfeuer der Trübsal*[71] zu den Pforten des Himmels. Der 1874 eingeweihte Anstaltsfriedhof, der ganz bewusst an der damals höchsten Stelle des Anstaltsgeländes auf dem Höhenzug südlich des Kantensiektals angelegt worden war, symbolisierte deutlich sichtbar die Pforte zum «oberen Bethel». Das Steinkreuz, das man mitten auf dem Friedhof errichtete, trug die Aufschrift: «Christus ist mein Leben und Sterben mein Gewinn» (Phil. 1, 28) – «als Wegweiser in die Ewigkeit, als Himmelsleiter, als Achse des Kosmos»[72].

Mit der Aufnahme epilepsiekranker Frauen war der erste Schritt zur Ausweitung und Auffächerung der Arbeit Bethels getan. Bodelschwingh strebte den Aufbau einer Kolonie von mindestens 500 Epilepsiekranken an, die eine Trennung nach Geschlecht, Alter, sozialer Herkunft, dem Grad geistiger Behinderung und körperlicher Hinfälligkeit sowie der Arbeitsfähigkeit erlaubte.[73] Innerhalb von nur zwölf Jahren, zwischen 1872 und 1884, wuchs die Epileptischenanstalt Bethel auf 18 Häuser an, darunter mehrere Bauernhöfe, auf denen «Familien» von Epilepsiekranken lebten und wirtschafteten. Daneben war eine Vielzahl von Handwerksbetrieben entstanden, in denen Epilepsiekranke unter Anleitung von Handwerksmeistern tätig waren. Diese Betriebe erfüllten, wie die Landwirtschaft, eine wichtige pädagogische und arbeitstherapeutische Funktion, wurden zudem aber bald auch unter ökonomischen Gesichtspunkten unentbehrlich, weil sie einen großen Teil des Anstaltsbedarfs deckten.

Das rasante Wachstum der Anstalt – bei jedem Jahresfest wurde ein Grundstein gelegt oder ein Neubau eingeweiht oder beides – wirft die Frage auf, wie die unentwegte Bautätigkeit finanziert wurde. Da es noch keine gesetzlich geregelte Fürsorgepflicht für «Epileptische» gab und etwa drei Viertel der aufgenommenen Kranken mittellos waren, reichten die von den Familien und Gemeinden gezahlten Pflegegelder in den seltensten Fällen aus, um die Kosten zu decken, geschweige denn Überschüsse zu erwirtschaften. Bodelschwinghs Wirken war mithin auf den stetigen Zufluss von «Liebesgaben» angewiesen, und er selbst war in der Tat – wie Theodor Heuss treffend bemerkt hat – «der genialste Bettler, den Deutschland wohl je gesehen hat»[74].

Ohne die großen Spenden zu verachten, die ihm aus seinem weit gespannten und engmaschigen Beziehungsnetz zuflossen, selbst vom Kaiser und seiner Familie, richtete Bodelschwingh doch sein besonderes Augenmerk auf die kleinen und kleinsten Liebesgaben, biblisch gesprochen: auf das Scherflein der armen Witwe (Mark. 12, 42–44; Luk. 21, 2–3). Zum Sammeln solcher Spenden rief er die «Pfennigvereine» ins Leben, die nicht nur bedeutende Summen beibrachten, sondern auch eine Unzahl von freiwilligen Helfern an dem Aufbauwerk beteiligten und weite Kreise der Bevölkerung mobilisierten. Zu den Prinzipien der Spendenwerbung gehörte es, für jede Gabe schriftlich zu danken – so entstand der «Dankort», wo mehrere Hilfskräfte solche Dankschreiben anfertigten und mit dem Namenszug Bodelschwinghs stempelten. Mit den «Mitteilungen für die Mitarbeiter des Pfennigvereins» erhielten die Anstalten 1877 ihr erstes eigenes Werbeblatt; später kamen der «Bote von Bethel» und «Beth-El» hinzu. Auch die anstaltseigene Schriftenniederlage trug zur Verbreitung der Mitteilungen Bodelschwinghs bei. Zu den wichtigsten Einnahmequellen zählten die jährlichen Kirchen- und Hauskollekten. Aufgrund seiner hervorragenden Beziehungen hatte Bodelschwingh keine Mühe, von den Kirchenleitungen und staatlichen Behörden die Genehmigung zu solchen Kollekten zu erwirken.

Mit den eingegangenen Spendengeldern wirtschaftete Bodelschwingh äußerst sparsam. Er selbst lebte in überaus einfachen Verhältnissen, begnügte sich zwei Jahrzehnte lang mit einem bescheidenen Jahresgehalt von 2400 Mark und stellte auch sein kleines Privatvermögen als Kredit den Anstalten zur Verfügung. Er betrachtete die Spenden in biblischem Sinne als ein ihm anvertrautes Pfund, für das er Gott Rechenschaft abzulegen habe (Luk. 19, 12–27; Matth. 25, 14–30). Dagegen scheute er, wenn er ein neues Werk in Angriff nahm, kein finanzielles Risiko und legte eine «unbeschwerte Sorglosigkeit im Schuldenmachen»[75] an den Tag, die den Vorständen nicht selten den Angstschweiß auf die Stirn trieb. Wo auch immer sich die Gelegenheit bot, den «Mammon», den er als den Götzen des kapitalistischen Zeitalters aus tiefstem Herzen verabscheute, in ein «Werkzeug der Barmherzigkeit» umzuschmieden, tat er dies in aller Seelenruhe.

Das wohl einschneidendste Erfolgsgeheimnis Bethels waren die hoch motivierten und engagierten, hoch qualifizierten und flexibel einsetzbaren, dabei extrem kostengünstigen Arbeitskräfte, die von den religiösen Genossenschaften Sarepta und Nazareth zur Verfügung gestellt wurden. Der Vorrang gebührte hier dem Diakonissenmutterhaus Sarepta – die unglaubliche Aufbauleistung, die Bodelschwingh in Bethel vollbrachte, gründete sich auf «die Kraft der Frauen und die Macht der Religion»[76]. Sarepta erlebte in den zwölf Jahren zwischen 1872 und 1884 einen enormen Zuwachs: Die Sareptadiakonissen übernahmen nicht nur die Betreuung der epilepsiekranken Frauen in den Bethelhäusern und die Pflege der Patienten in dem Krankenhaus, das dem Mutterhaus angegliedert war. Im Laufe der Zeit erschlossen sie sich zahlreiche weitere Arbeitsfelder innerhalb und außerhalb der wachsenden Anstaltsortschaft, vor allem in der Gemeindepflege, in Kleinkinderschulen, Waisenhäusern und Krankenhäusern.

Seelsorger der Schwestern: Bodelschwingh im Kreise von Sareptadiakonissen, vermutlich 1909

Hatte Bodelschwingh mit 27 Diakonissen begonnen, die auf acht Stationen tätig waren, so waren zehn Jahre später bereits 263 Schwestern auf 83 Stationen im Einsatz. Kein anderes deutsches Mutterhaus konnte ein so schnelles Wachstum aufweisen. In den 1890er Jahren stieg Sarepta zum mit Abstand zweitgrößten Diakonissenmutterhaus Kaiserswerther Prägung auf, Mitte der 1920er Jahre sollte es selbst Kaiserswerth überflügeln und zur wohl weltweit größten Einrichtung seiner Art im Protestantismus werden. Ein großer Teil der Diakonissen kam aus Minden-Ravensberg und anderen Hochburgen der Erweckungsbewegung. Die meisten stammten aus Handwerker- oder Arbeiterfamilien, bäuerlichen und unterbäuerlichen Schichten. Vor ihrem Eintritt in das Mutterhaus hatten sie meist im elterlichen Betrieb mitgearbeitet oder waren als Hausmädchen beschäftigt gewesen.

Eine junge Frau, die als Diakonissenschülerin in Sarepta eintreten wollte, sollte über 18 und unter 40 Jahre alt und musste zudem kinderlos und ledig oder verwitwet sein, dazu gesund, unbescholten und von christlicher Gesinnung. Nach etwa drei bis sechs Monaten wurde sie als Probeschwester aufgenommen. Bewährte sie sich, wurde sie zur Hilfsschwester ernannt. Als Probe- und Hilfsschwester erhielt die angehende Diakonisse eine gründliche Berufsausbildung. Durchschnittlich sechs Jahre nach der Aufnahme wurde eine Schwester eingesegnet. Das Gelübde, das sie dabei ablegte, galt in Sarepta prinzipiell auf Lebenszeit und wurde nicht – wie in Kaiserswerth und anderen Mutterhäusern – regelmäßig erneuert. Die Diakonissenschaft Sareptas verstand sich «als eine Glaubens-, Dienst- und Lebensgemeinschaft lediger, berufstätiger Frauen», zusammengehalten durch «hochverbindliche Formen religiösen Lebens»[77]. Sarepta war ein «Frauenkonvent», der deutlich «monastische Züge» entwickelte: «Aufwertung der Einsegnung zum Gelübde; Orientierung auf lebenslange zölibatäre Lebensweise; […] Tracht und strenge Kleiderordnung; eine hausspezifische Gottesdienst- und Festkultur; Tageszeitengebete; […]; Taschengeld statt Gehalt»[78]. Zu den monastischen Zügen zählt auch das «Seelsorgemonopol» des Vorstehers und der «Oberin» über die Schwestern – mit allen ihren seelischen Nöten und geistlichen Zweifeln, so wurde es ihnen in der Berufsordnung eingeschärft, sollten sich die Schwestern an Bodelschwingh und Heuser, und nur an diese, wenden.

Sarepta war, wie alle Mutterhäuser Kaiserswerther Prägung, nach dem Modell der patriarchalischen christlichen Familie organisiert.[79] Der Vorsteher nahm darin die Rolle des Vaters ein, die Vorsteherin die der ihm untergeordneten Mutter. Den Diakonissen wurde die Rolle der ledigen Töchter zugewiesen, die den Eltern gemäß dem vierten Gebot Gehorsam schuldeten. So wie in der patriarchalischen Familie von ledigen Töchtern selbstverständlich erwartet wurde, dass sie im Elternhaus unentgeltlich hauswirtschaftliche, erzieherische oder pflegerische Tätigkeiten übernahmen, so wurde von den Diakonissen erwartet, dass sie nicht «um Lohn», sondern aus

«Dankbarkeit und Liebe» die Arbeit verrichteten, die ihnen Vorsteher und Vorsteherin zuwiesen. Im Gegenzug hatten die Diakonissen Anspruch auf Fürsorge bei Krankheit und im Alter, so wie auch die patriarchalische Familie den Lebensunterhalt der ledig gebliebenen Töchter sicherstellte. Wollte eine Diakonisse heiraten, so musste sie aus der Diakonissenschaft austreten. Das war möglich. Leicht wurde es ihr dabei allerdings nicht gemacht, musste sie ihr Anliegen doch gegenüber Bodelschwingh verteidigen, der sich nicht scheute, massiven Druck auszuüben: *Wenn ein Soldat im Krieg seinen Posten verläßt, seinen Fahneneid bricht, so wird er ohne Erbarmen als fahnenflüchtig erschossen. Sollte unser himmlischer König es ungestraft lassen, wenn einer seiner Diener oder Dienerinnen im Dienst der Barmherzigkeit feige flieht und seine Kranken und Kleinen unversorgt liegen läßt?* [80] Tatsächlich war die Zahl der Diakonissen, die wieder aus dem Mutterhaus austraten oder gar entlassen wurden, sehr niedrig – fast zwei Drittel der Frauen, die sich in Sarepta meldeten, fanden hier eine lebenslange Heimat.[81] Dabei griffe es zu kurz, wollte man die hohe Verbleiberate einzig und allein auf den Druck des religiösen Mikromilieus zurückführen. Die Zugehörigkeit zu einer religiösen Genossenschaft bot auch Wärme und Geborgenheit, eröffnete eine sichere Lebensperspektive und ermöglichte den sozialen Aufstieg zu selbständigen, eigenverantwortlichen, hoch qualifizierten beruflichen Tätigkeiten zu einer Zeit, als diese für die überwältigende Mehrheit der Frauen noch unzugänglich waren. Dies hatte Rückwirkungen auf das Selbstbewusstsein, wie Bodelschwingh mit Unbehagen feststellte – als «Seelenführer» der Diakonissen setzte er dem eine gezielte Erziehung zur Demut entgegen.[82]

Seine vornehmste Aufgabe sah Bodelschwingh in der «Brechung des Eigenwillens» – ein aus der Erweckungsbewegung vertrautes Motiv, das in Bethel jedoch durch Bodelschwinghs Sterbefrömmigkeit überformt und dadurch noch zugespitzt wurde. *Sterbebereitschaft* galt ihm als sicheres Zeichen eines gebrochenen Eigenwillens und höchster Ausdruck von *Dienstbereitschaft*. Dieser Zusammenhang von «Sterbelust» und «Arbeitslast»[83] wird durch Wilhelm Löhes Diakonissenspruch, der auch der Berufsordnung für die Diakonissen des Mutterhauses Sarepta seit 1882 vorangestellt ist, schlaglichtartig beleuchtet:

> Was will ich? Dienen will ich. –
> Wem will ich dienen? – Dem Herrn Jesu in Seinen Elenden und Armen.
> Und was ist mein Lohn? Ich diene weder um Lohn noch um Dank,
> sondern aus Dank und Liebe; mein Lohn ist, dass ich darf!
> Und wenn ich dabei umkomme? Komme ich um, so komme ich um, sprach Esther[84], die Königin, die doch Ihn nicht kannte, dem zu lieb ich umkäme, und der mich nicht umkommen läßt.

Die Dienstordnung ermahnte daher die Diakonissen, das Sterben «zu lernen». Die Auseinandersetzung mit Sterben und Tod war ein fester Bestandteil der Ausbildung. Das ging so weit, dass Bodelschwingh – aus heutiger Sicht völlig unverantwortlich – junge Schwestern gezielt zur Pflege von Patienten mit ansteckenden Krankheiten auf der Isolierstation einsetzte.[85] Schwestern, die, manchmal noch jung an Jahren, auf den Tod erkrankten, begleitete Bodelschwingh bei ihrem Sterben – für ihn immer wieder «eine tief befriedigende, spirituelle Erfahrung»[86]. Beispiele «gelungenen» Sterbens wurden den Schwestern als leuchtendes Vorbild vor Augen gehalten. Bis 1914 waren insgesamt 171, zumeist noch junge Diakonissen «in die obere Heimat eingegangen», wie es in der Sprache Sareptas hieß. Dabei ist freilich zu berücksichtigen, dass die durchschnittliche Lebenserwartung der Sareptaschwestern zu dieser Zeit eher etwas über dem Durchschnitt anderer Frauen ihres Alters lag.[87]

Von Anfang an gab es Schwierigkeiten bei der Rekrutierung männlicher Pflegekräfte. Die Engpässe wurden teils durch freie Kräfte, teils durch Diakone aus befreundeten Einrichtungen überbrückt. Doch schon im Winter 1876/77 erhielt man auf die Bitte um Überlassung weiterer Arbeitskräfte lauter Absagen. So drängte alles auf die Gründung eines eigenen Brüderhauses hin. Am 30. April 1877 schlossen sich die nicht aus anderen Brüderhäusern stammenden Pfleger zu einer «Westfälischen Brüderanstalt» zusammen, die sich zur dritten eigenständigen Anstalt innerhalb der Ortschaft Bethel entwickeln sollte. Bodelschwingh trieb die Dinge voran, ohne die Vorstände Bethels und Sareptas einzubeziehen, erst im Dezember 1878 holte er die nachträgliche Genehmigung zu der längst vollzogenen Neugründung ein. Zu diesem Zeitpunkt gab sich die Brüderanstalt nach dem soeben eröffneten Bethelhaus für «blöde epileptische Knaben» den Namen «Zoar» («Kleinigkeit»). 1881, bei der Grundsteinlegung eines eigenen Brüderhauses, das bewusst zwischen Sarepta und Groß-Bethel angesiedelt war, wurde der endgültige Name «Nazareth» festgelegt. Bodelschwingh wurde zum «Präses» ernannt und leitete nun die Anstalten Bethel, Sarepta und Nazareth in Personalunion. Die eigentliche Leitung Nazareths lag bei Pastor Hermann Stürmer, der 1868/69 Hilfsprediger in Dellwig gewesen war und den Bodelschwingh 1876 als seinen Stellvertreter nach Bethel geholt hatte. Ihm folgte 1893 Pastor Johannes Kuhlo, der als «Posaunengeneral» bekannt wurde.

Die Aufnahmebedingungen lehnten sich eng an die Ordnung Sareptas an, hoben die Krankenpflege im Allgemeinen und die Epileptischenpflege im Besonderen als Hauptarbeitsgebiete Nazareths hervor, nannten aber auch die äußere Mission als

Pastor Hermann Stürmer, Stellvertreter Bodelschwinghs. Als Vorsteher Nazareths hielt er den Diakonen 1884 eine flammende «Bußpredigt».

mögliches künftiges Arbeitsfeld – hier schimmerte Bodelschwinghs alte Liebe durch. 1884 lebten in Nazareth 123 Brüder: 18 eingesegnete Diakone, 67 Hilfsbrüder und 38 Probebrüder. Von ihrem sozialen Hintergrund her waren die meisten Handwerker, doch hatten sich vereinzelt auch Lehrer, Seminaristen, Bauern, Gärtner, Bergleute und Fabrikarbeiter gemeldet. Die Nazarethdiakone übernahmen die Männerstation im Krankenhaus von Sarepta, besetzten nach und nach alle Häuser für männliche «Epileptische» in Bethel und wurden bald auch, Seite an Seite mit Sareptadiakonissen und unter der Aufsicht der leitenden Schwester (was jahrzehntelang für Konfliktstoff sorgte), auf auswärtigen Arbeitsfeldern eingesetzt.

Von den Diakonen wurde – wie es im «Brüdergelübde» hieß – «Demut, Gehorsam und Treue» verlangt. Durch Rüstzeiten und Brüderbriefe hielt der Vorsteher die Diakone auf Kurs. In den «weltlichen Stand der Ehe» durften sie nur eintreten, wenn sie in die Stellung eines «Hausvaters» aufrückten, und dann auch nur mit einem «Heiratskonsens» des Vorstandes; Bodelschwingh hatte offenbar kurzerhand die Heiratsordnung des preußischen Militärs übernommen. In diesem Punkt kam es nicht selten zu Konflikten. 13 Brüder, so wetterte Stürmer in einer «Bußpredigt» im Jahre 1884, hätten «in allerlei Gestalt» gegen das sechste Gebot verstoßen, «von Liebeleien an bis zum heimlichen Verlöbnis, ja bis zur Tat der Verführung zur Fleischessünde»[88]. Die neuartige Verbindung eines Diakonissenmutterhauses und eines Brüderhauses in einem Anstaltskomplex wurde allgemein als Risiko für den guten Ruf der Anstalten angesehen; Verlöbnisse zwischen Diakonen und Diakonissen waren strengstens verboten und führten in mehreren Fällen zur sofortigen Entlassung. Solange die Diakone unverheiratet waren, erhielten sie wie die Diakonissen nur ein Taschengeld, freie Kost und Logis sowie die Zusicherung einer Altersversorgung. Verheiratete Diakone bezogen ein wenn auch bescheidenes Gehalt. In den ersten Jahrzehnten seines Bestehens blieb Nazareth eine religiöse Genossenschaft ganz überwiegend zölibatär lebender Männer. Schon in den 1890er Jahren wurde es üblich, die Bräute von Nazarethdiakonen vor

Wir sind keine Heiligen […]. Aber das behaupte ich kühnlich, daß unsere Grundsätze und Ziele und auch alle unsere Mittel zum Ziel derartig sind, daß Eure Kaiserliche Hoheit sich mit uns durchaus eins wissen und sie alle gern unterschreiben: Dienende Liebe üben, selbstlose, unverfälschte, weitherzige gegen jedermann, besonders aber gegen alle Mitmenschen, die durch Mangel an Liebe verbittert, gesunken, verkommen, verarmt oder die sonst krank und elend sind. Dies alles aber nicht, um irgendwelchen verborgenen, selbstsüchtigen Zweck zu erreichen oder einer äußeren Kirche Glanz und Ruhm zu verschaffen, sondern lediglich, um aus gottlosen, unglücklichen, verbitterten Menschen gottesfürchtige, glückliche, fröhliche, dankbare Menschen zu machen zur Ehre Gottes und zum Besten des Vaterlandes. – Das ist der Zweck der evangelischen Diakonie, der männlichen und der weiblichen; das hat Wichern und Fliedner gewollt, weiter nichts, und zu den Füßen der beiden sitzen wir alle und lernen, die Vorsteher der 50 Diakonissen- und 11 Bruderhäuser, die seitdem in Deutschland entstanden sind.

Bodelschwingh an Kronprinz Friedrich Wilhelm, 19. Juli 1883, zit. nach: Briefwechsel, Teil 3, Bethel 1967, S. 138f.

der Heirat ein halbes Jahr unentgeltlich in einem der Betheler Häuser mitarbeiten zu lassen, um sie auf ihre Rolle als Diakonenfrau und Hausmutter vorzubereiten; daraus entwickelten sich regelrechte «Brautkurse», die erst nach 1968 eingestellt wurden.[89] Die Folge war, dass viele Ehen innerhalb des sozialen Geflechts der Anstalten angebahnt wurden, die Diakonenfamilien vielfach untereinander verwandt und verschwägert waren und nach und nach zu einer einzigen großen «Nazarethfamilie» mit dem Vorsteher als «Erzvater» an der Spitze zusammenwuchsen. Das Modell der christlichen Familie wurde hier in anderer Form als im Diakonissenmutterhaus verwirklicht.

Treibende Kraft des Aufbauwerks blieb Friedrich von Bodelschwingh. In kürzester Zeit wurde er zur alles beherrschenden Schlüsselfigur innerhalb des von ihm geschaffenen diakonischen Konzerns. Jede der drei Anstalten besaß für sich den Status einer eigenständigen juristischen Person, obwohl sie nicht nur am selben Ort ansässig, sondern auch ihre Arbeitsfelder miteinander verwoben waren – tatsächlich wurden die drei selbständigen Stiftungen Bethel, Sarepta und Nazareth erst 1921 zu einem Anstaltenbund, den v. Bodelschwinghschen

Der Likörfabrikant Gottfried Bansi, Vorsitzender der Vorstände. Von ihm war die Initiative zur Gründung des Bielefelder Diakonissenhauses im Jahre 1869 ausgegangen. Bodelschwingh arbeitete mit Bansi eng zusammen, nahm aber – vor dem Hintergrund seines Kampfes gegen die «Branntweinpest» – Anstoß an dessen Gewerbe.

Anstalten, zusammengefasst. Bis dahin existierten formal drei getrennte Vorstände, die sich allerdings personell weitgehend überschnitten und 1896 faktisch zu einem Gesamtvorstand vereinigt worden waren. Bodelschwingh besaß in den Vorständen wie jedes andere Mitglied nur eine Stimme, und nicht er führte den Vorsitz, sondern der Likörfabrikant Gottfried Bansi, doch als stellvertretender Vorsitzender, der die Sitzungen vorbereitete, lenkte er die Vorstände nach seinem Willen. Der Verlagsbuchhändler August Klasing, langjähriges Mitglied der Vorstände, meinte rückblickend, er sei sich «etwas überflüssig» vorgekommen, «da Bodelschwingh zwar alle Meinungen geduldig anhörte, ohne zu widersprechen, nachher aber doch tat, was er für richtig hielt, oder das meiste schon vorher getan hatte, sodaß man vor vollendeten Tatsachen stand»[90]. Bodelschwingh setzte seine Vorstellungen in den Vorständen, in denen ja gestandene Unternehmer, Geistliche und Regierungsbeamte vertreten waren, unnachgiebig durch, doch er tat dies mit so entwaffnender Herzlichkeit und mit solcher Hingabe an die Sache, dass jeder Widerstand rasch erlahmte. Für Bodelschwinghs beweglichen Geist arbeiteten bürokratische Apparate zu schwerfällig; seine rasche Auffassungsgabe, sein Improvisationstalent und seine zupackende, kurz entschlossene Art machten ihn ungeduldig gegenüber mühseliger Gremienarbeit; und schließlich ließ er sich in dem, was er für richtig hielt, schon deshalb nicht beirren, weil er es auf Fingerzeige Gottes zurückführte – er hatte deshalb nicht die geringsten Skrupel, treue Mitarbeiter durch seine plötzlichen Kehrtwendungen zu desavouieren.

Tatsächlich traten formale Leitungsstrukturen immer weiter in den Hintergrund. Die Anstalten entwickelten sich vielmehr zu einem personenzentrierten Mikromilieu, das sich um den charismatischen «Seelenführer» Bodelschwingh gruppierte. Ihm hatten sich alle anderen Leitungspersönlichkeiten unterzuordnen. Manche kapitulierten – bemerkenswert, dass auch sie trotz aller Querelen stets mit tiefer Verehrung von Bodelschwingh sprachen. Andere wie Emilie Heuser oder Hermann Stürmer standen in Nibelungentreue zu Bodelschwingh, obwohl auch sie manchmal unter dem selbstherrlichen Regiment des Anstaltsleiters litten. Tatsächlich übte Bodelschwingh über die von ihm geformte christliche Musterkolonie im Sinne Max Webers eine «charismatische Herrschaft» aus, die ganz auf personale Loyalitäten aufgebaut war.[91]

Im September 1873 zogen Friedrich und Ida von Bodelschwingh mit dem vierjährigen Wilhelm und dem knapp einjährigen Gustav in das Pfarrhaus am Jägerbrink. Hier wurden 1874 die Tochter Frieda und 1877 schließlich der jüngste Sohn Friedrich geboren. Der Familienüberlieferung zufolge hatte ein Freund der Bodelschwinghs nach dem Tod der ersten vier Kinder die Eltern mit dem Hinweis getröstet, Gott könne ihnen die Kinder, die er genommen habe, auch wiedergeben. Und die Geburt von Wilhelm, Gustav, Frieda und Friedrich – wieder drei Jungen und ein Mädchen – galt in der Familie nun als Erfüllung der durch den Freund gegebenen Verheißung.

Ruhender Pol der Familie war die Mutter, da Friedrich von Bodelschwingh je länger, je mehr in seinem Werk aufging. Schon als kleiner Junge, so erinnerte sich der jüngste Sohn Friedrich, habe er begonnen zu verstehen, «dass Vater noch eine andere Familie hatte als die, zu der meine Mutter und die Geschwister und ich selbst gehörten; eine große Familie des Leides und der Liebe, die sich über die ganze Welt erstreckte»[92].

Um die eigene Kernfamilie gruppierte sich mithin die virtuelle Bethelfamilie, die Vorsteherin Sareptas und der Vorsteher Nazareths, die Hauseltern, die Diakonissen und Diakone,

Bethel im Jahre 1895. Ganz links die Sparrenburg, unterhalb davon das Kantensiektal. Von rechts schiebt sich der bewaldete «Zionsberg» mit dem Friedhof und der Zionskirche ins Bild, darunter erkennt man, von links nach rechts, das Diakonissenmutterhaus Sarepta, das Brüderhaus Nazareth und das Haus Groß-Bethel.

am Rande auch die freien Helfer und Helferinnen. Sie bildeten die Gemeinde der Gesunden, wiederum untrennbar verbunden mit der Gemeinde der Kranken und Schwachen, die ebenfalls als unmündige Kinder der Hauseltern verstanden wurden. 1883 war die Anstaltsgemeinde auf nahezu 900 Menschen angewachsen.

Den Schlusspunkt der ersten Ausbauphase Bethels bildete der Bau der Zionskirche 1883/84. Mit ihr erhielt Bethel einen neuen religiösen Mittelpunkt. Die Kirche symbolisierte den heiligen Berg Zion, zu dem bei den Jahresfesten die gesamte

Anstaltsgemeinde und die Freunde von außerhalb wallfahrteten. Im Laufe der Jahrzehnte entfaltete sich vermittelt über die Namen und Inschriften der Häuser gleichsam eine «biblische Heilslandschaft»[93] im Teutoburger Wald. Der durch die Kirche versinnbildlichte Berg Zion war umgeben von Kranken- und Pflegehäusern, welche die Namen anderer heiliger Berge aus der Bibel trugen (Garizim, Gibeon, Hermon, Karmel, Libanon, Morija, Nebo, Sichem, Tabor). Die an den Hängen und im Tal gelegenen Pflegehäuser wurden dagegen vor allem nach Wasser- und Quellorten aus der Bibel benannt (Bersaba, Bethesda, Bethabara, Siloah, Enon, Kidron, Mara) – viele dieser Namen verweisen auf das «Wasser des Lebens», das Sünde und Schuld abwäscht. Auch verwendete man biblische Ortsnamen, die an Begegnungen mit Gott erinnerten (Patmos, Pniel, Emmaus), an Gottes Schutz für Verfolgte (Mahanaim), an Auferweckung vom Tod (Nain) oder Heilungswunder (Bethanien). Pfarrhäuser wurden gerne nach Schlüsselbegriffen aus den Psalmen benannt (Burg, Trutz, Zuversicht, Schild). Bodelschwingh hatte sich sein eigenes Kanaan geschaffen, in dem er seine Gemeinde vor den Pforten des Himmels sammelte.

Die Wandererfürsorge und die Gründung der Arbeiterkolonie Wilhelmsdorf

Die Gründung der Arbeiterkolonie Wilhelmsdorf ist vor dem Hintergrund der sozialen Umbrüche im letzten Drittel des 19. Jahrhunderts zu sehen.[94] Das stürmische Bevölkerungswachstum, die rasch voranschreitende Verstädterung und die rasante Industrialisierung lösten eine Wanderungsbewegung von bis dahin kaum vorstellbaren Ausmaßen aus. Millionen von Menschen zogen aus den landwirtschaftlich geprägten ostelbischen Provinzen Preußens in die industriellen Ballungsräume Berlins, Sachsens und vor allem des Rheinlands und Westfalens. Es bildete sich eine hochmobile industrielle Reservearmee heraus, die, von den wirtschaftlichen Konjunkturen getrieben, von Ort zu Ort weiterzog. Manche dieser nomadisierenden Menschen verloren den Boden unter den Füßen. Zwar war die durchschnittliche Arbeitslosenquote im Deutschen Kaiserreich nicht besonders hoch, doch an manchen Orten und zu manchen Zeiten schnellte sie steil in die Höhe. So verwundert es nicht, dass die Arbeitslosigkeit im Wilhelminischen Deutschland, ohnehin ein historisch neuartiges Phänomen, zu einem weithin sichtbaren Problem wurde.

Man muss sich vergegenwärtigen, dass die Arbeitsvermittlung zu dieser Zeit noch in den ersten Anfängen steckte. Üblich war noch immer die «Umschau», eine aus dem vorindustriellen Zeitalter überkommene Form der Arbeitssuche, bei der die Arbeitslosen aufs Geratewohl von Werkstor zu Werkstor zogen. Vor allem aber gab es noch keine Arbeitslosenversicherung. Arbeitslos zu werden bedeutete zu dieser Zeit im wortwörtlichen Sinn, brotlos zu werden. Gewerkschaftliche Unterstützungskassen, karitative und gemeinnützige Vereine erreichten nur einen Bruchteil der Arbeitslosen, und die kommunale Armenpflege kümmerte sich so gut wie gar nicht um sie. Da die Städte und Gemeinden nach dem «Heimatprinzip» ohnehin nur für Menschen zuständig waren, die ihren «Unterstützungswohnsitz» im Gemeindebezirk hatten, fiel die Masse der etwa 200 000 arbeits- und obdachlosen Wanderer, die ihren alten Unterstützungswohnsitz verloren und noch keinen neuen erworben hatten, durch das weitmaschige Netz der kommunalen Armenfürsorge.

Das graue Schattenheer der «Wanderer», «Landstreicher» und «Bettler» wurde von der Polizei, den Verwaltungsbehörden und der Öffentlichkeit vor allem als Sicherheitsproblem wahrgenommen.[95] Ende der 1870er Jahre, unter dem Eindruck der «Gründerkrise», zeichnete sich die Notwendigkeit ab, eine besondere «Wandererfürsorge» zu schaffen. Diese neue Aufgabe wurde von Männern aus dem Milieu des erweckten Protestantismus in Angriff genommen – und Bodelschwingh setzte sich auch hier gleich an die Spitze der Bewegung.

1853/54 Gründung der ersten Herberge zur Heimat für wandernde Handwerker in Bonn durch Clemens Theodor Perthes.
1893 Das Freie Deutsche Hochstift in Frankfurt rückt mit einem viel beachteten Kongress über «Arbeitslosigkeit und Arbeitsvermittlung in Industrie- und Handelsstädten» das Problem in den Blickpunkt der Öffentlichkeit.
1894 In Eßlingen entsteht der erste paritätische kommunale Arbeitsnachweis. Bis zum Ersten Weltkrieg bleibt das Arbeitsvermittlungswesen in Deutschland ein bunter Flickenteppich privater, gemeinnütziger und öffentlicher Einrichtungen.
1901 Mit der Einführung des «Genter Systems» beginnen Städte und Gemeinden, die gewerkschaftliche Arbeitslosenunterstützung zu subventionieren. Diskussionen um die Einführung einer Arbeitslosenversicherung bleiben ohne Ergebnis.
1918 Anknüpfend an die Kriegswohlfahrtspflege wird die Erwerbslosenfürsorge eingeführt. Es entsteht ein flächendeckendes Netz öffentlicher Arbeitsämter.
1927 Einführung der Arbeitslosenversicherung.

In der Folgezeit kam es daher im Lebenswerk Bodelschwinghs zu einer deutlichen Verschiebung der Gewichte. In Bethel wurde es von manchen als «eine Art Untreue» empfunden, «dass er die Schwestern ließ und sich den Brüdern von der Landstraße zuwandte»[96]. Tatsächlich eröffnete Bodelschwingh mit der Fürsorge für Wanderarme innerhalb Bethels neben der Fürsorge für Epilepsiekranke ein völlig neues Arbeitsfeld, ohne sich auf ein formelles Mandat stützen zu können. Vom Elend der Wanderer im Sinne des Bibelwortes «Ich bin ein Gast gewesen, und ihr habt mich nicht beherbergt» (Matth. 25, 43) existenziell berührt, kümmerte er sich nicht um Kompetenzen und Legitimationen.

Später begründete Bodelschwingh den Ausgriff auf das neue Arbeitsfeld gerne mit einer Anekdote: Ein junger Mann habe einst an seine Tür geklopft und um Arbeit gebeten. Er, Bodelschwingh, habe den Bittsteller mit den Worten fortschicken wollen: *«Ach wenn du die fallende Krankheit hättest, dann dürfte ich dich aufnehmen und dir Arbeit geben.»* Darauf habe der Jüngling erwidert: *«Herr Pastor, wenn ich diesen Winter auf der Landstraße bleibe, dann habe ich auch die fallende Krankheit.»* Damit habe er sagen wollen, *dass ein einziger Winter, unter das böse Gesindel der Landstraße gemischt, von diesen zum Betteln und Saufen ermuntert, ihn auch so weit herunterbringen würde, dass er unheilbar fallsüchtig würde.*[97] Man kann diese Episode als Gründungslegende verstehen, weder als wahre Begebenheit noch als erfundene Geschichte, sondern als ein Narrativ, das den «inneren Begründungszusammenhang»[98] des Geschehens verdeutlichen soll.

Das Wandererproblem hatte Bodelschwingh in Bethel ständig vor Augen, sprachen doch tagtäglich bettelnde Wanderarme in seinem Pfarrhaus, im Diakonissenmutterhaus oder einer der Anstaltsküchen vor. Die Dimensionen des Problems wurden ihm auf der Jahreskonferenz des Vereins für innere Mission für Minden-Ravensberg-Tecklenburg-Lippe im Jahre 1879 deutlich, als Pfarrer Gustav Schlosser aus Frankfurt einen viel beachteten Vortrag über die «Vagabunden-Noth» hielt. Als konkretes Hilfsprojekt schlug Schlosser die Gründung einer landwirtschaftlichen Kolonie für Arbeitslose vor, wie es sie in den Niederlanden und Belgien bereits gab. Bodelschwingh war sofort Feuer und Flamme. Auf der Suche nach einem geeigneten Standort stieß er auf drei Höfe in der Senne, einer wüsten Heide- und Moorlandschaft südlich des Teutoburger Waldes.

Bodelschwingh auf der Wanderarbeitsstätte Bethel.
Im preußischen Abgeordnetenhaus versicherte er, das Steineklopfen sei «wirklich eine liebliche, nette Arbeit».

In diesem abgelegenen und armen Landstrich waren Grund und Boden billig zu haben. Bodelschwingh hatte dabei als gelernter Landwirt erkannt, dass man durch entsprechende Meliorationsarbeiten den sandigen Boden der Senne in fruchtbare landwirtschaftliche Nutzfläche umwandeln konnte. Damit war mittelfristig genug Arbeit gegeben, um arbeits- und obdachlose Wanderer beschäftigen zu können – ganz im Sinne seiner Devise «Arbeit statt Almosen». Zugleich stand zu erwarten, dass auf diese Weise umfangreiche und produktive landwirtschaftliche Nebenbetriebe entstehen würden, die eine wichtige Versorgungsfunktion im Gesamtgefüge der Anstalten übernehmen konnten.

Im März 1882 schickte Bodelschwingh einen Diakon mit 18 arbeitsfähigen epilepsiekranken Männern aus Bethel auf einen der Höfe, um die Häuser instand zu setzen und für die Aufnahme von Wanderarmen vorzubereiten. Nach einem mühseligen Anfang fand am 13. August 1882 unter großer Beteiligung der Öffentlichkeit die Einweihung Wilhelmsdorfs statt. Friedrich von Bodelschwingh betonte in seiner Rede den besonderen Status der Arbeiterkolonie als ein Haus freier Barmherzigkeit, das im Gegensatz zu den staatlichen Arbeitshäusern nur Freiwillige aufnahm.

Dennoch: Die Statuten spiegeln die rigide Ordnung, die in der Arbeiterkolonie Wilhelmsdorf herrschte. Der Neuankömmling erhielt neue Kleidung, hatte jedoch einen Revers zu unterschreiben, dass ihm diese nicht gehörte und er, falls er die Kolonie vorzeitig verließ und sie mitnahm, als Dieb polizeilich verfolgt werden konnte. Der vertraglich festgelegte Lohn war so gering, dass er für Arbeiter in regulären Beschäftigungsverhältnissen unattraktiv blieb. In den ersten vierzehn Tagen arbeitete der Kolonist für freie Kost und Logis, danach stieg der Tageslohn bis auf vierzig Pfennig an, die nicht bar ausgezahlt, sondern im Lohnbuch gutgeschrieben und mit der gestellten Kleidung verrechnet wurden. «Arbeitsscheue und faule Subjekte» konnte der Hausvater unter Anzeige bei der Polizei jederzeit entlassen. Auch wer sich der Hausordnung nicht fügte, konnte ohne Entschädigung für die bisher geleistete Arbeit

Die Arbeiterkolonie Wilhelmsdorf, um 1894. Die Kolonisten brachen in mühsamer Handarbeit die wasserundurchlässige Ortsteinschicht auf und verwandelten auf diese Weise die sandige Senne in fruchtbaren Ackerboden.

entlassen werden. Alkohol war strengstens verboten, die Teilnahme an den Hausandachten und Gottesdiensten Pflicht. Strenge Zucht war für Bodelschwingh ein konstitutives Element der Wandererfürsorge. Bei *hartnäckigen Vagabunden* konnte sich Bodelschwingh sogar die Deportation in eine *Auswandererkolonie* irgendwo in Südamerika vorstellen.[99]

Für die Sozialdemokraten war die Arbeiterkolonie von Anfang an ein rotes Tuch. Der «Vorwärts» kommentierte die Gründung Wilhelmsdorfs mit den Worten, solche Arbeiterkolonien seien nicht dazu da, «um der Arbeiterklasse emporzuhelfen, sondern um die Knechtung derselben zu erleichtern»[100]. Als 1885 wegen eines Arbeitskampfes der Belagerungszustand über Bielefeld verhängt wurde, hielt sich unter den Arbeitern hartnäckig das – unwahre – Gerücht, die Wilhelmsdorfer Kolonisten sollten als Streikbrecher eingesetzt werden.[101] Dagegen erfreute sich die Arbeiterkolonie der vollen Unterstützung christlich-konservativer Kreise und des Hohenzollernhauses. Kronprinz Friedrich Wilhelm übernahm das Protektorat über die Arbeiterkolonie.

Wilhelmsdorf galt als ein Erfolgsmodell, das im In- und Ausland Nachahmung fand. Bis 1891 entstanden im Deutschen Reich 22 zumeist evangelische Arbeiterkolonien nach diesem Vorbild, in manchen Fällen mit tatkräftiger Unterstützung Bodelschwinghs. 1884 schlossen sich die Kolonievereine zum «Centralvorstand deutscher Arbeiterkolonien» zusammen. Durch die Eröffnung der im Kreis Borken gelegenen katholischen Arbeiterkolonie Maria Veen im Jahre 1888 wurde Wilhelmsdorf, bis dahin die einzige Arbeiterkolonie in der Provinz Westfalen, entlastet.

Bis zum 1. Januar 1889 waren insgesamt 4750 Wanderer aufgenommen worden (in allen deutschen Kolonien zusammen waren es 24000), darunter auch knapp 2000 Katholiken und 16 «Israeliten»[102]. Die «Resozialisierungsquote» der Wilhelmsdorfer Kolonisten schätzte die Anstaltsleitung, wohl etwas optimistisch, auf zwei Drittel. Finanziell blieb Wilhelmsdorf auf die Zuschüsse der Betheler Anstalten und des Provinzialverbandes angewiesen. Doch die Ausgabe lohnte sich: Wilhelmsdorf war es in erster Linie zu verdanken, dass sich die Provinz Westfalen und vor allem auch die Stadt Bielefeld als «Modellregion» der Wandererfürsorge etablierte. Bielefeld stellt in der Geschichte der deutschen Arbeitsverwaltung vor dem Ersten Weltkrieg einen seltenen Sonderfall dar: In kaum einer Kommune waren die im Entstehen begriffene Arbeitsvermittlung und die Wandererfürsorge so eng miteinander verzahnt. Die Arbeitsvermittlung in der Stadt Bielefeld lag beim «Haupt-Arbeits-Nachweis», einem von den Betheler Anstalten dominierten, von Kommune und Staat subventionierten Arbeitsnachweis auf Vereinsbasis, der das Arbeitsamt mit einer Herberge zur Heimat, einer Wanderarbeitsstätte und einem

Das Christliche Hospiz, vormals Herberge zur Heimat, in der Bielefelder Bahnhofstraße, Ausschnitt aus einer Postkarte. Zehn Jahre lang, von 1897 bis 1907, lag die Arbeitsvermittlung in der Stadt Bielefeld faktisch in den Händen der Betheler Anstalten.

Obdachlosenasyl verband. Hier wurde zehn Jahre lang, von 1897 bis 1907, das Modell einer «doppelten» Arbeitsvermittlung praktiziert: Neben der Vermittlungstätigkeit auf dem allgemeinen Arbeitsmarkt wurden in enger Kooperation mit der Arbeiterkolonie Wilhelmsdorf vor allem Wanderarme in Lohn und Brot gebracht. Es war dies einer der seltenen Fälle, in denen ein «fürsorglicher Arbeitsnachweis» zur Keimzelle eines städtischen Arbeitsamtes wurde.[103]

Dieses «Bielefelder Modell» wollte Bodelschwingh auf das gesamte Deutsche Reich ausweiten. Seit 1883 trieb er deshalb den Ausbau eines Netzes von miteinander verbundenen Naturalverpflegungsstationen und «Herbergen zur Heimat» voran. Zu diesem Zweck schuf er im Jahre 1886 den «Deutschen Herbergsverein». Bodelschwingh wurde zum ersten Vorsitzenden gewählt, der Bethelpastor Karl Mörchen zum Schriftführer. Es gelang, die Zahl der «Herbergen zur Heimat» im Laufe eines Jahrzehnts mehr als zu verdoppeln. Bodelschwingh und Mörchen gehörten auch dem Vorstand des 1892 gegründeten «Gesamtverbandes deutscher Verpflegungsstationen (Wanderarbeitsstätten)» an, sodass alle drei Dachorganisationen der Wandererfürsorge von Bethel aus dirigiert wurden.

In den 1890er Jahren geriet das System der Verpflegungsstationen oder, wie man jetzt sagte, der Wanderarbeitsstätten jedoch aufgrund wechselnder Konjunkturen in die Krise. Die Kreise, in den meisten Fällen Träger der Stationen, fühlten sich vielfach überfordert, und die Zahl der Verpflegungsstationen ging von etwa 950 auf 750 zurück. Bodelschwingh sah trotz seiner Scheu vor einer Verstaatlichung der Wandererfürsorge ein, dass eine gesetzliche Regelung hermusste, die Kreise und Provinzen dazu verpflichtete, Wanderarbeitsstätten zu unterhalten. Mit der kurzen Denkschrift *Ein Notschrei zu Gunsten einer Gesetzesvorlage zum Schutz der Wanderarmen* wandte er sich 1894 an den Kaiser, an den preußischen Ministerpräsidenten, die Abgeordneten des preußischen Landtags und den Oberpräsidenten von Westfalen: *Wir wollen keine Asyle für Landstreicher, sondern das Gegenteil davon: Arbeitsvermittlungs- und Notarbeitsstätten für hilfsbedürftige, durch Arbeitsmangel von Haus und Herd vertriebene Arbeitslose. Wir wollen für Arbeitsfähige kein Recht auf unentgeltliche Verpflegung, kein gesetzliches Recht auf Arbeit, sondern nur die Möglichkeit und sichere Gelegenheit, sich arbeitend nach Arbeit umzusehen. Anstatt des wilden, zweck- und ziellosen, von Tag zu Tag mehr depravierenden Umherlaufens eine feste Wanderordnung mit Arbeits- und Wanderkontrolle, innerhalb eines Netzes von möglichst wenigen, aber gewissenhaft verwalteten und Hand in Hand miteinander wirkenden Wanderarbeitsstätten.*[104]

Der 1894 dem preußischen Landtag vorgelegte Gesetzentwurf hatte jedoch keine Chance. Nicht einmal im konservativen Lager fand er ungeteilte Zustimmung. Die Freikonservativen stellten sich unter dem Einfluss des erzreaktionären Industriellen Karl Freiherr von Stumm-Halberg gegen die Vorlage mit der Begründung, sie fördere den Kommunismus. Am entgegengesetzten Ende des politischen Spektrums lehnten die Sozialdemokraten alle fürsorgerischen Maßnahmen des Bürgertums für die Wanderarmen kategorisch ab, der «Vorwärts» griff mehrmals auch Bodelschwingh persönlich an. Für die Linksliberalen war der Gesetzentwurf ebenfalls inakzeptabel. Es blieben nur die Deutschkonservativen, die Christlich-Sozialen und einige Befürworter aus den Reihen der Nationalliberalen und des Zentrums übrig. So wurde die Gesetzesinitiative auf die lange Bank geschoben. Bodelschwingh sah sich nicht nur politisch weitgehend isoliert. Auch der Centralausschuß für Innere Mission, dem er seit 1884 angehörte, blieb gegenüber seinem Modell skeptisch. Die Amtskirche erteilte ihm eine Rüge, nachdem er einen Betheler Theologiekandidaten 1892 als eine Art «Enthüllungsjournalisten» inkognito «auf die Walz» geschickt hatte.

Seit Mitte der 1880er Jahre wurde Bodelschwingh auf einem weiteren sozialpolitischen Gebiet aktiv, dem Arbeiterwohnungsbau. Dieses Thema beschäftigte ihn schon seit den Pariser Jahren. Der unmittelbare Anlass, das Thema wieder aufzugreifen, waren zwei Brandstiftungen in Bethel im Jahre 1885. Die Täter vermutete man in den Kreisen jener Heuerlingsfamilien, die im Zuge der Expansion des Anstaltskomplexes ihr Zuhause verloren hatten. Bodelschwingh zeigte sich be-

Die Siedlung Arbeiterheim, um 1894. Schaffe man jedem «fleißigen Fabrikarbeiter» ein eigenes Haus, so prophezeite Bodelschwingh, sei die Sozialdemokratie «tot» und der Thron der Hohenzollern «auf Jahrhunderte gesichert».

troffen, kurz entschlossen gründete er den «Verein Arbeiterheim», der Bausparkasse und Wohnungsbaugenossenschaft in einem war. Innerhalb weniger Jahre entstanden zwei kleine Arbeitersiedlungen mit 39 Häusern in Bielefeld. Aufseiten der Politik stand man Bodelschwinghs Initiative mit großer Skepsis gegenüber. Bismarck wies die Bitte um Unterstützung brüsk zurück – das Verhältnis zwischen Bodelschwingh und Bismarck war infolge der Kirchenpolitik des Reichskanzlers während der Kulturkampfzeit und der unterschiedlichen Vorstellungen über den Kurs der Sozialpolitik immer kühler ge-

worden.[105] Auch das Kaiserhaus gab sich diesmal reserviert. Erst Wilhelm II. zeigte Interesse. 1894 übernahm Kaiserin Auguste Viktoria das Protektorat über den Verein, 1897 besuchte der Kaiser die Arbeiterhäuser in Bielefeld. Doch es war eine Sache, den Arbeiterwohnungsbau als freies christliches Liebeswerk zu fördern, eine andere, ihn in staatliche Regie zu übernehmen. Bodelschwinghs Vorschläge in diese Richtung stießen ins Leere. Letztlich waren es diese Erfahrungen, die ihn bewogen, sich auf seine alten Tage noch selber in die Politik zu wagen.

Auf dem Weg zum diakonischen Großkonzern (1884–1905)

Das Wachstum der Betheler Anstalten sei keine Schraube ohne Ende, versicherte Bodelschwingh im Jahre 1886, nachdem kritische Stimmen laut geworden waren, die vor einem ungebremsten Expansionsdrang warnten. Langsam, aber sicher werde die äußere Entwicklung der Kolonie zu einem Abschluss kommen. Vorerst war davon jedoch nichts zu spüren. Schlag auf Schlag wurden neue Häuser gebaut. Der Anstaltskomplex vor den Toren Bielefelds wuchs über die Grenzen der Amtsgemeinde Gadderbaum hinaus. In der Senne, rund um die Arbeiterkolonie Wilhelmsdorf, entstand die Zweiganstalt Eckardtsheim, wie sie seit 1899 offiziell hieß.[106] Im selben Jahr wurde im Diepholzer Moor, achtzig Kilometer von Bielefeld entfernt, eine weitere Tochterkolonie Bethels, die Zweiganstalt Freistatt, gegründet.[107] In den Jahren 1905 bis 1907 kamen die Hoffnungstaler Anstalten in der Nähe von Berlin hinzu. Mittlerweile war der von Bodelschwingh geschaffene Anstaltskonzern längst über sein ursprüngliches Gebiet, die Fürsorge für «Epileptische», hinausgewachsen und hatte, beginnend mit der Wandererfürsorge, in rascher Folge neue Arbeitsfelder an sich gezogen: die Fürsorge für «Geistes- und Gemütskranke», «Schwachsinnige», «Trinker», «Neurastheniker» und «Schwindsüchtige», dazu die Jugendfürsorgeerziehung. Auch das Mutterhaus Sarepta wuchs in atemberaubender Geschwindigkeit: 1905 zählte es bereits 1056 Schwestern, die in einer kaum noch zu überblickenden Zahl von Stationen im In- und Ausland tätig waren. Auch das Brüderhaus Nazareth expandierte: 1905 zählte es 378 eingesegnete, Hilfs- und Probebrüder.

Die Ausdehnung und Auffächerung der Arbeitsgebiete hing eng mit dem Aufstieg des modernen Sozialstaats zusammen. Vor allem das preußische Gesetz über die erweiterte Armenpflege, das im April 1893 in Kraft trat, markierte in der Geschichte Bethels einen tiefen Einschnitt. Es erklärte die bislang fakultative Fürsorge für mittellose «Geisteskranke», «Idioten» und «Epileptische» durch die Provinzen für obligatorisch. Die Provinzialverbände traten daher in die von den Kommunen abgeschlossenen Verträge mit konfessionellen Trägern ein. Auf diese Weise kam es zu einer engen Verknüpfung der öffentlichen und privaten geschlossenen Fürsorge. Da der Wechsel der Zuständigkeiten durch eine Reihe von reglementierenden Erlassen flankiert wurde, kam es zugleich zu einer erheblichen Verschärfung der Staatsaufsicht über das konfessionelle Anstaltswesen. Bethel schloss Verträge mit fünf preußischen Provinzen ab, die für die weitere Entwicklung von grundlegender Bedeutung waren. Zum einen ließen sie die Patientenzahl, die sich seit der Gründung der Anstalten ohnehin schon vervielfacht hatten, weiter anschwellen: Um 1887 beheimatete Bethel knapp 1100, 1897 knapp 1700, 1907 schon 2674 Patienten.[108] Zum anderen übten die Provinzialverbände starken Druck aus, den medizinischen Sektor in den konfessionellen Anstalten zu professionalisieren.

Anfangs war in Bethel nur ein einziger Arzt im Nebenamt tätig.[109] Mitte der 1890er Jahre waren es vier, zwei im Neben-, zwei im Hauptamt, darunter auch Dr. Paul Huchzermeier, ein Sohn des Erweckungspastors Clamor Huchzermeier, der seit 1887 als leitender Arzt in Bethel wirkte. Begründete Bodelschwingh die Nebenrolle der Bethelärzte anfangs noch ganz pragmatisch mit den fehlenden Therapiemöglichkeiten, so entwickelte er in seinem Referat auf der ersten Konferenz deutscher evangelischer Irrenseelsorger im Jahre 1889 gleichsam eine Theologie der Krankheit, um so einen Primat der Geistlichen bei der Behandlung von psychisch Kranken und geistig Behinderten zu begründen. Dieses theologische Krankheitskonzept war mit einer scharfen Kritik der modernen, der medizinischen Psychiatrie verbunden, die Bodelschwingh als *materialistisch und diesseitig*[110] ablehnte. Bei allen Seelen- und Gemütskrankheiten komme es entscheidend darauf an, die Seele

Dr. Paul Huchzermeier, leitender Arzt, bemühte sich in enger Abstimmung mit Bodelschwingh, den Prozess der Medikalisierung der Anstalten so behutsam wie möglich voranzutreiben.

durch die Kraft des Heiligen Geistes zu beruhigen. Insofern bei Seelen- und Gemütskrankheiten auch das Gehirn und das Nervensystem in Mitleidenschaft gezogen würden, falle zwar auch dem Arzt eine wichtige Aufgabe zu. Man könne aber allgemein sagen, dass es umso besser sei, *je weniger der leibliche Arzt seine medizinischen Mittel bei den Gemütskranken anwendet* [111], da diese Mittel *in den meisten Fällen nur schädigend auf Leib und Seele* wirkten. In der Hauptsache solle der Seelsorger die *Seelenpflege der Gemütskranken* übernehmen. Dies gelte insbesondere für eine dritte Form der Krankheit neben der Leibes- und der Seelenkrankheit, die *Sündenkrankheit.* Die Sünde führe dazu, dass der Geist, *der dem Menschen zu eigen geschenkte Funke göttlichen Lichtes*, Leib und Seele verlasse. Sie würden dann *ein wehrloser Tummelplatz anderer Geister* – die Heilige Schrift spreche in diesem Zusammenhang vom *eigenen Geist, Irrgeist, Welt- und Zeitgeist und bösen Geistern.*[112] Der Sündenkrankheit stehe die Medizin machtlos gegenüber, sie sei die ureigenste Domäne des Seelsorgers.

Der Vortrag Bodelschwinghs stieß auf die vehemente Kritik der im «Verband der Irrenärzte» zusammengeschlossenen

Psychiater.[113] Im Grunde lagen manche der Vorstellungen Bodelschwinghs, etwa über den Zusammenhang von Körper und Psyche, gar nicht so weit von den Anschauungen der Reformpsychiatrie des 19. Jahrhunderts entfernt. Doch wurden solche Berührungspunkte in der durch den Kulturkampf aufgeheizten Atmosphäre von keiner der beiden Seiten wahrgenommen. Es bildeten sich sogleich unversöhnliche Fronten: hier der an die Adresse der Psychiatrie gerichtete pauschale Materialismusvorwurf, dort die schrille Polemik gegen die protestantische «Orthodoxie», die man der Rückständigkeit, des Aberglaubens, der Kurpfuscherei, des Dämonismus und exorzistischer Praktiken verdächtigte. Faktisch ging der «Verband der Irrenärzte» aus dem Konflikt als Sieger hervor. Zwar scheiterte sein Frontalangriff auf die konfessionellen Anstalten, der preußische Staat griff jedoch eine Reihe seiner Forderungen auf. Der Landeshauptmann von Westfalen setzte in Bethel das ärztliche Behandlungsmonopol durch. In der Praxis dauerte es lange, bis die gesetzlichen Bestimmungen verwirklicht wurden, nicht zuletzt deshalb, weil die Vorstände der staatlichen Intervention zugunsten der Ärzteschaft zähen Widerstand entgegensetzten.

1878

Mit den Ärzten gelangte zum ersten Mal eine Berufsgruppe in leitende Funktionen, die – anders als Pastoren, Diakonissen und Diakone – nicht den hoch verbindlichen religiösen Normen und Formen des Bethelmilieus verpflichtet war. Bodelschwingh versuchte, durch ein gezieltes Anwerbungs- und Auswahlverfahren Ärzte mit christlichem Hintergrund, von denen man meinte, dass sie in das Milieu passten, in den Anstaltsdienst hinüberzuziehen. Doch auch Ärzte mit «Stallgeruch» forderten selbstbewusst ihre Rechte ein, was zu einer Vielzahl von internen Konflikten führte. Eine Grundsatzfrage betraf das Verhältnis der Ärzte zu den Hauseltern, Diakonissen und Diakonen. 1896 etwa forderte Dr. Paul Steffan, Oberarzt in Sarepta, ultimativ die Ablösung einer leitenden Schwester, die sich geweigert hatte, eine dienstliche Anweisung auszuführen. Bezeichnend ist, dass sich Bodelschwingh hinter die Schwester stellte – die Diakonissen sollten *die freundlichen Fürsprecher für ihre Kranken sein* und schuldeten den Ärzten keinen *Kada-*

vergehorsam[114], belehrte er den empörten Arzt und legte ihm kühl nahe, sich eine andere Stellung zu suchen.

«Halbgötter in Weiß» sind die Bethelärzte deshalb nie geworden. Und auch in einer anderen Hinsicht wirkte Bodelschwinghs Idee einer Gemeinde der früh Sterbenden trotz aller Medikalisierungstendenzen bis in die jüngste Vergangenheit fort: Bethel blieb gegen das professionelle Interesse der Ärzteschaft beim Konzept der Heil- und Pflegeanstalt und nahm getreu der von Friedrich von Bodelschwingh ausgegebenen Maxime *Das Wort «unheilbar» […] steht im Wörterbuch eines Christen nicht*[115] gerade die chronisch Kranken, die Schwerstbehinderten, die «Schwachen», «Abgebauten», «Siechen», «Minderwertigen» und «Lebensunwerten» auf – Tausende von ihnen überlebten in Bethel den barbarischen Massenmord an psychisch Kranken und geistig Behinderten während der Zeit des «Dritten Reiches».[116]

Bethel entwickelte sich also mehr und mehr zu einer Ortschaft mit einer eigenen Infrastruktur, um die sie manche Kommune beneidet hätte. Um die rege Bautätigkeit zu bewältigen, erhielt Bethel ein anstaltseigenes Bauamt, das seit 1891 von Baurat Karl Siebold geleitet wurde. Im Ortsbild Bethels ist seine Handschrift bis heute erkennbar. Zu den schon bestehenden Handwerksbetrieben kamen weitere hinzu. Aus einem seit längerem bestehenden Konsumladen entstand das Kaufhaus Ophir. Gleich gegenüber wurde als Versammlungshaus das Assapheum erbaut, wo auch das anstaltseigene Postamt seinen Sitz hatte. Aus der Schriftenniederlage entwickelte sich eine Verlagsbuchhandlung. In der «Briefmarkenstelle» wurden gebrauchte Briefmarken, die aus aller Welt eingeschickt wurden, von Patienten gesammelt, sortiert und zum Weiterverkauf vorbereitet. 1891 wurde die «Brockensammlung» eröffnet – benannt nach dem Jesuswort «Sammelt die übrigen Brocken, damit nichts umkomme» (Joh. 6, 12) –, ein «Secondhandgeschäft», in dem Epilepsiekranke die gespendeten alten Sachen, von kuriosem Plunder über gebrauchte Kleider und antiquarische Bücher bis zu wertvollen Antiquitäten, sortierten, reparierten oder recycelten. Briefmarkenstelle und Brockensammlung bestehen bis heute fort. Schon seit den 1880er Jahren gab es in den Bethelhäusern eine öffentliche Gasbeleuchtung. 1895 wurde Bethel dann an das Stromnetz angeschlossen. Das erste Telefon war mit der Anlage des Bielefelder Ortsnetzes im Jahre 1886 in Bodelschwinghs Arbeitszimmer gelegt worden. Anfangs betrachtete Bodelschwingh die neue Erfindung mit Skepsis, doch erkannte er bald, wie wertvoll ein engmaschiges Telefonnetz war, um den expandierenden Anstaltskomplex zu lenken. Um 1900 verfügte Bethel bereits über 150 Anschlüsse. Vergleicht man Bethel mit Kleinstädten derselben Größenordnung, so stellt man verblüfft fest, dass die Anstaltskolonie um die Jahrhundertwende an der Spitze des städtetechnischen Fortschritts mithielt. Trotz seiner fundamentalen Kritik an der modernen Industriegesellschaft hatte Bodelschwingh, der in seiner sparsam bemessenen Freizeit gerne Konstruktionspläne für Flugmaschinen aufs Papier warf, keinerlei Berührungsängste gegenüber der modernen Technik.

Die von Bodelschwingh geschaffene Kleinstadt entwickelte sich gegen Ende des 19. Jahrhunderts zur selbständigen Kirchen- und Ortsgemeinde. 1892 wurden die «Angestellten und Pfleglinge» der drei Anstalten Bethel, Sarepta und Nazareth (einschließlich ihrer Tochterkolonie in der Senne) unter dem Namen Zionsgemeinde als Anstaltsgemeinde, d. h. als Personalgemeinde außerhalb des regulären Parochialsystems, in die westfälische Provinzialkirche eingebunden. Auch kommunal

Wenn wir an die See kamen, fesselte es ihn immer, die Möven zu beobachten, wie sie, ohne die Flügel zu regen, im starken Wind in der Luft standen. «Seht einmal, Kinder», sagte er immer wieder, «wie still steht sie da, wie wenig Kraft hat sie nötig, und der Mensch sollte nicht fliegen können? Ganz gewiß, es geht, es geht!» Wo er mit Ingenieuren und Offizieren zusammentraf, setzte er ihnen seine Tragflächen mit den eingesetzten Schrauben auseinander und ließ sich durch kein Kopfschütteln irremachen. […] Bis zu seinem Tode war er Bezieher der Luftschiffszeitung und berechnete voll Sehnsucht, wie lange es dauern würde, bis das erste Flugzeug das Mittelländische Meer überqueren und so den Weg nach dem geliebten Afrika abkürzen würde.

Gustav von Bodelschwingh: Friedrich von Bodelschwingh. Eine Geschichte seines Lebens, 5. Aufl., Berlin 1926, S. 384

verselbständigte sich der Anstaltskomplex. Dank seiner weitreichenden Kontakte bis hinauf in die Ministerialbürokratie vereitelte Bodelschwingh den Plan, bei der anstehenden Aufteilung des Amtes Gadderbaum das Anstaltsgelände der Stadt Bielefeld oder der Gemeinde Brackwede zuzuschlagen. Stattdessen wurde auf Bodelschwinghs Vorschlag im Jahre 1900 eine neue, kleinere Amtsgemeinde Gadderbaum geschaffen, die im Wesentlichen nur noch den Anstaltsbereich umfasste und von den Anstalten völlig dominiert wurde.[117]

Je größer das Werk wurde, umso stärker trat der Mensch dahinter zurück. Über dem ruhelosen Einsatz für die Sache, der er sich verschrieben hatte, war Bodelschwingh seine bürgerliche Existenz bedeutungslos geworden. Die Dinge des Alltags waren ihm mittlerweile nur noch lästig, was man schon an seiner nachlässigen Kleidung erkennen konnte. Andere sorgten für ihn, allen voran Ida von Bodelschwingh, die trotz des schwer-

Ida von Bodelschwingh in ihren letzten Lebensjahren. Das Lebenswerk ihres Mannes unterstützte sie nach Kräften, hielt aber auch mit Kritik nicht zurück.

mütigen Zuges in ihrem Wesen einen ausgeprägten Sinn für das Praktische hatte. Sie wirtschaftete mit dem kärglichen Einkommen, das Bodelschwingh sich zubilligte, und erhielt die Ordnung des Haushalts aufrecht, in dem es wie in einem Taubenschlag zugegangen sein muss. All dies ging letztlich über ihre Kräfte. Im Laufe des Jahres 1894 stellte sich das alte psychische Leiden wieder ein. Im November begab sie sich auf ärztlichen Rat in das Lindenhaus bei Lemgo, ein Heim für «Gemütskranke», wo sie am 5. Dezember 1894 überraschend starb.

Nach dem Tod der Mutter übernahm die Tochter Frieda deren Rolle, während die Söhne Wilhelm, Gustav und Friedrich, dem Wunsch des Vaters folgend, Theologie studierten. Gemeinsam kümmerten sich die Geschwister um den Vater, der jetzt schnell alterte. 1899 machte sich ein schweres Blasenleiden bei Bodelschwingh bemerkbar, im September/Oktober hatte es sich zu einer Urämie ausgewachsen, sodass man in seiner Umgebung schon mit seinem Tod rechnete. Bodelschwingh überstand die Krise, aber eine vollständige Heilung war nicht mehr möglich.

Bodelschwingh spürte, dass seine Uhr ablief. Mit doppelter Anstrengung nahm er die Aufgaben in Angriff, die in seinen Augen noch unerledigt waren – neben der äußeren Mission vor allem den Aufbau einer theologischen Schule in Bethel. Vorläufer war das 1890 geschaffene «Kandidatenkonvikt», das Kandidaten der Theologie, die ihre beiden theologischen Prüfungen abgelegt hatten, die Gelegenheit bot, sich unter dem Dach der Diakonenanstalt Nazareth für den Missionsdienst in den deutschen Schutzgebieten ausbilden zu lassen. Im Grunde schwebte Bodelschwingh eine Einrichtung nach dem Muster des Basler Missionsseminars vor. Daraus entstand 1894/95 der Plan zu einer «kleinen evangelischen Universität», «Kirchlichen Hochschule», «freien Fakultät» oder einem «Seminar» – die Bezeichnungen schwankten, es lag Bodelschwingh nichts daran. Es ging ihm darum, ein Gegengewicht zu den theologischen Fakultäten an den Universitäten zu schaffen; was dort von Männern wie Adolf von Harnack, dem führenden Theologen des Kulturprotestantismus, gelehrt wurde, war Bodel-

Friedrich von Bodelschwingh mit seiner Tochter Frieda, 1898. Nach dem Tod der Mutter führte sie den Haushalt.

Friedrich von Bodelschwingh mit seinem Sohn Wilhelm und dessen Familie, 1902. Die drei Söhne studierten Theologie und übernahmen zentrale Positionen in dem von ihrem Vater geschaffenen diakonischen Großbetrieb. Wilhelm, der älteste Sohn, zog nach der Jahrhundertwende die Leitung Sareptas mehr und mehr an sich.

schwingh zu wissenschaftlich, zu kritisch, zu negativistisch. Der lebendige Glaube, so fürchtete er, bleibe dabei auf der Strecke, und so würde die verfasste Kirche allmählich von den Hochschulen her ausgehöhlt. Von der Hochschultheologie kam, wie nicht anders zu erwarten, scharfe Kritik an der geplanten «Winkelfakultät»[118], das Kultusministerium stellte sich quer und auch der Generalsuperintendent in Münster mauerte, hatte er doch klar erkannt, dass Bodelschwingh langfristig eine Loslösung der Kirche aus staatlichen Bindungen anstrebte. Bodelschwingh sah ein, dass sein Plan vorerst keine Aussicht auf Erfolg hatte, und legte ihn zunächst auf Eis.

Dagegen gelang es ihm, 1898 einen ersten «theologischen Kursus» in Bethel abzuhalten, für den er Adolf Schlatter, damals noch Professor für Neues Testament in Berlin, und Hermann Cremer, Professor für Systematische Theologie in Greifswald und führender Vertreter des neueren Biblizismus, gewinnen konnte. Diese Kurse wurden zu einer ständigen Einrichtung, seit 1904 unter der Bezeichnung «Theologische Woche». In diesem Jahr ging nun Bodelschwingh das Projekt der freien Hochschule mit neuem Elan wieder an, wobei er geschickt agierte, indem er sein Anliegen in der Schrift *Wie kämpfen wir siegreich gegen die Jesuitengefahr?*[119] mit den Nachbeben des Kulturkampfs in Verbindung brachte. Im Alleingang – es genügte ihm, dass der Vorstand Bethels seinen Plan widerspruchslos zur Kenntnis genommen hatte – drückte er die Gründung der freien Hochschule in der Anstaltsortschaft als vierte Korporation neben Bethel, Sarepta und Nazareth durch. Am 15. Oktober 1905 wur-

Theologischer Kursus, vermutlich 1901. Erste Reihe (sitzend), fünfter von links (mit Horn): Pastor Johannes Kuhlo

de die «Praktische theologische Schule in Bethel» eröffnet. Der Zusatz «praktisch» war ein Zugeständnis an den widerstrebenden Kultusminister. Schlatter hatte deswegen Bedenken, setzte doch die Bezeichnung die neue Einrichtung hinter die Universitätsfakultäten zurück. Bodelschwingh dagegen gab in dieser Frage sofort nach. Er hatte sowieso nicht vor, sich durch Satzungen oder Benennungen in irgendeiner Form einengen zu lassen, und vertraute auf die normative Kraft des Faktischen. Der Erfolg gab ihm Recht – aus der Gründung erwuchs die Kirchliche Hochschule Bethel.

Über viele Jahre lenkte Bodelschwingh die Anstalten von seiner winzigen Studierstube im Obergeschoss des Pfarrhauses

am Jägerbrink aus, wo eine «geniale Unordnung»[120] herrschte. Die Kanzleistube, in der Bodelschwinghs mitstenographierte Diktate ins Reine geschrieben wurden, war gleich mit im Pfarrhaus untergebracht. Dieser völlig unzureichende bürokratische Apparat musste infolge des rasanten Tempos, in dem Bodelschwinghs Wohltätigkeitskonzern expandierte, mit der Zeit völlig überfordert sein. Als Bodelschwingh 1898 mit seiner Familie in ein neues, größeres Pfarrhaus, das «Haus Burg», übersiedelte, wurde das gesamte untere Stockwerk zur Hauptkanzlei ausgebaut. Dabei blieb es bis zu Bodelschwinghs Tod. Bei ihm liefen die Fäden zusammen, war er doch der Einzige, der in dem weit verzweigten, vielfältig ineinander verschachtelten Anstaltsgebilde noch den Überblick hatte. Mit der Zeit jedoch wurde es selbst für Bodelschwingh unmöglich, den schieren Umfang der sich potenzierenden Verwaltungstätigkeit zu bewältigen. Er musste deshalb notgedrungen zu einer Ausdifferenzierung der Administration und einer Übertragung von Kompetenzen an andere übergehen.

Letztlich lief dies auf eine Transformation jener charismatischen Herrschaft hinaus, die Friedrich von Bodelschwingh über seiner christlichen Kolonie errichtet hatte. Es liegt auf der Hand, dass dies nicht ohne Spannungen und Konflikte abging. Bodelschwingh konnte es nicht lassen, im Einzelfall weiterhin nach Gutsherrenart in die selbständigen Arbeitsbereiche seiner leitenden Mitarbeiter einzugreifen. Karl Mörchen analysierte die Situation in einem Schreiben an Bodelschwingh sehr scharfsinnig: «Bei der Ausdehnung, welche die hiesigen Anstalten erreicht haben, ist das rein väterlich-pastorale, patriarchalische Regiment schon jetzt nicht mehr durchführbar. Niemand kann Bodelschwinghs Sukzessor sein. Das jetzige Verhältnis ist nur möglich 1. dadurch, daß er ‹General von

Bodelschwingh in seinem Arbeitszimmer, 1901. Im Hintergrund Bertel Thorvaldsens Christusstatue, die auch über dem Eingang der Zionskirche steht – ein «einladender» Christus, wie er dem Verständnis der inneren Mission entsprach, im Sinne des Bibelwortes «Kommet her zu mir alle, die ihr mühselig und beladen seid, ich will euch erquicken» (Matth. 11, 28).

Friedrich von Bodelschwingh mit seinem jüngsten Sohn Fritz, der seit 1904 in die Rolle des Nachfolgers hineinwuchs.

Bodelschwingh›, 2. daß er der Schöpfer des Ganzen, alles ihm in die Hände hineingewachsen und auf den Leib zugeschnitten ist.»[121] Bodelschwingh beugte sich diesen Notwendigkeiten erst nach schwerem inneren Kampf – vorübergehend verhärtete sich trotz beginnender Einsicht wohl auch infolge fortschreitenden Altersstarrsinns seine Position.

Schließlich sah Bodelschwingh ein, dass es an der Zeit war, seine Nachfolge zu regeln. Um entsprechende Weichen zu stellen, fühlte er 1904 zuerst vertraulich bei seinem Freund Friedrich Holzhausen vor, damals Superintendent in Freyburg an der Unstrut. Dieser sagte jedoch ab und empfahl noch einmal nachdrücklich den Sohn Fritz, in der weisen Einsicht: «Der Name Bodelschwingh tut den Anstalten not für Gedeihen und Entwickelung, nicht bloß daß Bodelschwinghe mitarbeiten, sondern daß einer des Namens das Werk leitet.»[122] Bodelschwingh zögerte noch lange, ehe er dem Rat des Freundes folgte. Allmählich setzte sich jedoch auch hier die normative Kraft des Faktischen durch. Im Juli 1906 wählten die Vorstände Fritz, der als Gehilfe des Vaters bereits maßgeblich an der Leitung der Anstalten beteiligt war, zum «Vertreter des geistlichen Vorstehers von Bethel». Erst im Oktober 1909 teilte Bodelschwingh den Vorständen seinen dezidierten Wunsch mit, dass sein jüngster Sohn seine Nachfolge antreten möge.

Mission in Ostafrika (1890–1910)

Mit dem Eintritt des Deutschen Reiches in den «Wettlauf um Afrika» ging eine Welle der Kolonialbegeisterung auch durch das protestantische Deutschland. Den evangelischen Missionsgesellschaften wurde eine wichtige Rolle bei der kulturellen Durchdringung der überseeischen Kolonialgebiete zugewiesen. Einerseits erfuhr die Mission durch die Verquickung mit der Kolonialbewegung eine deutliche Aufwertung, andererseits lief sie Gefahr, für kolonialpolitische Interessen instrumentalisiert zu werden. Sie musste sich also im Spannungsfeld von missionarischer Sendung und nationaler Begeisterung ihren Weg suchen.

Besonders umstritten war die «Deutsch-Ostafrikanische Missionsgesellschaft», die am 15. April 1886 von kolonialbegeisterten Adligen und Pastoren in Berlin gegründet worden war. Treibende Kraft war der Kolonialabenteurer Carl Peters, der sich mit Betrug und Gewalt sein eigenes Kolonialreich in Ostafrika geschaffen hatte, das dann 1884 in ein deutsches Schutzgebiet umgewandelt wurde. Entsprechend eng war das neue Missionswerk mit der organisierten Kolonialbewegung verschränkt. Die älteren deutschen Missionsgesellschaften, die Ostafrika eigentlich den dort bereits tätigen englischen Missionaren hatten überlassen wollen, hielten Abstand. Auch in den eigenen Reihen stieß Peters mit dem Versuch, die neue Missionsgesellschaft für die Zwecke seiner Deutsch-Ostafrikanischen Gesellschaft auszunutzen, auf Widerstand. Die Spannungen entluden sich 1887 in einem offenen Konflikt, der Peters zwang, aus dem Präsidium auszuscheiden. Die neu formierte Gesellschaft erhielt den Namen «Evangelische Missionsgesellschaft für Deutsch-Ostafrika» (EMDOA), häufig auch «Berlin III» genannt zur Unterscheidung von den beiden schon bestehenden Berliner Missionsgesellschaften. In den ersten Jahren kümmerte die EMDOA vor sich hin. Zu den Querelen im Vorstand kamen Probleme vor Ort. Vor allem fehlte es an Mitarbeitern – Theologen, Diakonen und Krankenschwestern. Dieser Punkt war ausschlaggebend für die Entscheidung im März 1890, sich mit der Bitte um Personal an Friedrich von Bodelschwingh zu wenden.

Bodelschwingh sagte spontan seine Hilfe zu. Schon im Mai 1890 sandte er einen Diakon und zwei Diakonissen an das evangelische Krankenhaus auf Sansibar, das kurz darauf aufgrund der Abtretung der Insel an Großbritannien nach Dar-es-Salaam verlegt wurde. Schon bei der ersten Kontaktaufnahme hatte Bodelschwingh sein Interesse an einer Mitarbeit im Vorstand der Gesellschaft bekundet, ein Signal, das unter den gegebenen Umständen kaum ignoriert werden konnte. Bodelschwinghs Wahl in das Missionskomitee im Oktober 1890 wurde eine reine Formsache. Für die Missionsgesellschaft bedeutete der Eintritt Bodelschwinghs allerdings eine tiefe Zäsur. Es war klar, dass sein Engagement der Gesellschaft ganz neue Möglichkeiten eröffnen würde, auch, dass sich die Schwergewichte innerhalb der EMDOA rasch von Berlin nach Bethel verschieben würden. Dass die EMDOA als eine ausgesprochen staatsnahe Missionsgesellschaft galt, störte Bodelschwingh nicht, obwohl dies nicht auf seiner Linie lag. Zwar unterstützte er aus seiner konservativ-patriotischen Grundhaltung heraus die koloniale Expansion des Deutschen Reiches, ein religiös überhöhter Nationalismus war ihm indessen, wie erwähnt, völlig fremd. Basis missionarischen Handelns war für ihn einzig und allein der in der Bibel verankerte Sendungsauftrag des Christentums (Matth. 28, 19). Eine Mission im Dienste des Imperialismus war mit ihm nicht zu machen.

Er hatte auch nicht vor, sich in Dienst nehmen zu lassen. Wie es seine Art war, beschränkte er sich keineswegs auf die ihm zugedachten Aufgaben im Bereich der Diakonie, sondern übernahm sofort das Kommando im Missionskomitee. Er nahm das Recht für sich in Anspruch, unter Umgehung des Missionsinspektors in Berlin eine umfangreiche Korrespondenz mit den von Bethel ausgesandten Missionaren zu führen.

Arnold Winkelmann, Inspektor von 1892 bis 1897, versuchte mit Hilfe des Komitees, diese Praxis abzustellen. Daraufhin erklärte Bodelschwingh kurzerhand seinen Austritt aus dem Komitee – er werde in Zukunft als einfaches Mitglied des Missionsfreundeskreises mit den von ihm ausgesandten Missionaren korrespondieren. Erst nach der Entlassung Winkelmanns ließ er sich zur weiteren Mitarbeit im Komitee bewegen. Walther Trittelvitz, der 1898 den Posten des Missionsinspektors übernahm, genoss hingegen das volle Vertrauen Bodelschwinghs. Zunächst bestand nicht die Absicht, den Sitz der EMDOA nach Bethel zu verlegen. Bodelschwingh selbst sorgte dafür, dass die Gesellschaft im Jahre 1902 ein neues Missionshaus in Lichterfelde bekam. Grund dafür mag gewesen sein, dass noch immer Verhandlungen über eine Fusion mit den anderen Berliner Gesellschaften in der Schwebe waren, die jedoch nicht zum Ziel führten. Daraufhin wurden 1903 Verhandlungen mit der Rheinischen Missionsgesellschaft in Barmen aufgenommen, die zwar ebenfalls ergebnislos endeten, aber zu einer Spaltung des Vorstandes der EMDOA führten – die der Regierung nahe stehenden Kreise, die primär kolonialpolitische Interessen verfolgten, zogen sich jetzt endgültig zurück. Logische Konsequenz dieser Entwicklung war die Verlegung der EMDOA nach Bethel – und Bodelschwingh übernahm jetzt auch offiziell die Leitung der «Bethel-Mission», wie sie von nun an häufiger genannt wurde.

Unter der Regie Bodelschwinghs erlebte die EMDOA eine stetige Aufwärtsentwicklung: 1890 errichtete sie eine Missionsstation in Tanga, die in den folgenden Jahren auf das rückwärtige Digoland ausgriff; im Jahr darauf wurde mit Mlalo (Hohenfriedeberg) die erste von insgesamt acht Stationen in den Usambarabergen begründet; 1907 entstand mit Zinga die erste von sechs Stationen im Königreich Ruanda, das unter der informellen Herrschaft des Deutschen Reiches stand. 1910

Schwester Lina Diekmann und Diakon Wilhelm Bokermann 1896 / 97 in Tanga / Tansania mit freigekauften Sklavenkindern, die nach Lutindi gebracht wurden.

fasste die EMDOA schließlich in Bukoba am Victoriasee Fuß. 1893 gründete Bodelschwingh in Berlin den «Evangelischen Afrikaverein», der die «Verbreitung christlicher Gesittung und Kultur», für die «Wahrung der Menschenrechte» und die «Beseitigung des Sklavenhandels und der Sklaverei» befördern sollte. 1897 wurde nach seinen Plänen die «Sklavenfreistätte» Lutindi in den Usambarabergen errichtet, in der Kinder aufgezogen wurden, die aus der Sklaverei befreit worden waren. Als das dafür verwendete Gebäude 1904 frei wurde, regte der Stationsleiter an, dort «geisteskranke» Afrikaner unterzubringen. Bodelschwingh griff den Vorschlag begeistert auf: *Brüder macht schnell! Baut sofort ein kleines Irrenhaus. Wenn Gott uns diese Not vor die Türe legt, so legt er auch gleich das Geld daneben.*[123] So entstand die «Irrenanstalt» Lutindi, das «Klein-Bethel Ostafrikas», die erste Einrichtung in der Kolonie, in der, wenn auch unter primitivsten Bedingungen, psychisch kranke Afrikaner untergebracht wurden.[124] Dass Bodelschwingh das Projekt der Heil- und Pflegeanstalt in Lutindi energisch vorantrieb, obwohl die Finanzierung noch nicht stand, war typisch. «‹Vorwärts!›, so lautete unablässig seine Losung. Die Missionsleitung schien ihm viel zu langsam zu arbeiten.» So beschrieb Fritz von Bodelschwingh die Schrittmacherfunktion seines Vaters, und er benannte auch gleich die Quelle, aus der sich diese Dynamik speiste: «Er sah im Geiste die Millionen verschmachtender Menschenseelen. [...] Immer wieder stand ihm das eine fest: ‹Ich bin persönlich dafür verantwortlich und kann diese Verantwortung auf niemand anders abschieben.›»[125] Er selbst brachte seine Getriebenheit, dem Zeugnis von Walther Trittelvitz zufolge, auf die prägnante Formel: *Nicht so langsam, sie sterben drüber!*[126] Bodelschwingh spürte, dass seine eigene Lebenszeit ablief. Umso mehr drängte es ihn, das Missionswerk, das er in seiner Jugend hatte beginnen wollen, im hohen Alter doch noch zu vollenden.

Bewusst brach Bodelschwingh bei der Auswahl, der Ausbildung und der Führung der Missionare mit der Praxis der älteren Missionsgesellschaften. Die sonst übliche starke Beteiligung der Komitees bei der Auswahl des Personals gab es in der EMDOA nicht – die Missionare wurden von Bodelschwingh handverlesen. Da sie über kein eigenes Missionsseminar verfügte, ihren Nachwuchs vielmehr aus dem Betheler Kandidatenkonvikt rekrutierte, griff die EMDOA im Unterschied zu den anderen Missionsgesellschaften ausschließlich auf examinierte Theologiestudenten zurück, die fast ausnahmslos Söhne von Pastoren, Lehrern an höheren Schulen, Gutsherren und Großgrundbesitzern waren. Dies hatte «beinahe zwingend einen freieren, weniger auf äußeren Druck basierenden Führungsstil zur Folge»[127]. Vor Ort ließ Bodelschwingh seinen Missionaren einen beträchtlichen Entscheidungsspielraum.

Dennoch behielt er das Heft fest in der Hand, da die Missionare sich ihm in unbedingter Loyalität unterordneten.

Über das Betheler Kandidatenkonvikt beeinflusste Bodelschwingh die zukünftigen Missionare.[128] Ihr Sendungsbewusstsein gründete sich auf den biblischen Missionsauftrag. Mit dem universellen Geltungsanspruch des Christentums war untrennbar eine Verwerfung der autochthonen Religionen als «barbarische Kulte» verbunden. Dagegen wurden die indigenen Sprachen, Sozialstrukturen, Herrschaftsverhältnisse, Rechtstraditionen, Sitten und Bräuche als eigenständige Kultur respektiert, die es zu erhalten gelte. Im Sinne einer «volksorganischen» Missionsauffassung war eine Indigenisierung des Christentums, die Schaffung von afrikanischen «Volkskirchen» das Ziel. Andererseits wollten die Bethelmissionare den Afrikanern mit dem Christentum zugleich ein Bündel von Errungenschaften der westlichen Zivilisation vermitteln, wobei sie dadurch, dass sie sich der Volkssprachen bedienten, den Zugang zur westlichen Zivilisation gleichsam monopolisierten, um die Afrikaner von den im Missionssinne «schädlichen» Einflüssen dieser Zivilisation abzuschirmen: Intellektualismus, Säkularisierung, Sozialismus. Dieses «sanfte» Missionskonzept konnte aber nicht aufgehen: Der angestrebte partielle Kulturtransfer war ohne tiefe Eingriffe in die soziokulturellen Strukturen der afrikanischen Gesellschaften nicht möglich. So trug die Bethel-Mission wider Willen zur Zerstörung der indigenen Kulturen bei.

Das Verhältnis der Bethel-Mission zur deutschen Kolonialverwaltung blieb durchaus ambivalent. Zwar waren die Missionare vor Ort gelegentlich auf die Unterstützung der Kolonialverwaltung angewiesen, trugen auch ihr Teil zur Herrschaftssicherung bei, indem sie die getauften Afrikaner zur «Vaterlandsliebe» und «Kaisertreue» erzogen, gegen staatliche Bevormundung verwahrten sie sich jedoch nachdrücklich. Für die Kolonialverwaltung wiederum war die Bethel-Mission ein nützlicher, letztlich aber unbedeutender Bündnispartner. Man schätzte zwar die Schulen und Krankenhäuser der Bethelmissionare, war aber wegen der sehr langsamen Aufbauarbeit der Bethel-Mission, die mehr auf Tiefen- denn auf Breitenwirkung setzte, insgesamt enttäuscht.

Das Verhältnis der Bethel-Mission zu den Afrikanern prägte – auch hier machte sich der Einfluss Bodelschwinghs bemerkbar – ein milder Paternalismus. Die Afrikaner wurden wie die Epilepsiekranken Bethels mit Kindern gleichgesetzt, deren Anlagen es zu entwickeln galt. An der grundsätzlichen Entwicklungsfähigkeit der Afrikaner ließen die Bethelmissionare keinen Zweifel. Die koloniale Rassenpsychologie, die zu dieser Zeit ihre giftigen Blüten trieb, fand hier keinen fruchtbaren Nährboden.

Das Besondere an der EMDOA war die Verschmelzung von äußerer und innerer Mission, die tief greifende Rückwirkungen auf Bethel hatte. Die Heidenmission gab der mit zunehmendem Wachstum auseinander strebenden Anstaltsgemeinde eine neue Mitte, wies ihr ein neues Ziel, vermittelte ihr ein neues Selbstverständnis und Selbstbewusstsein. Der Appell kam an, Missionsbegeisterung erfasste die Kranken in den Bethelhäusern, die Diakonissen Sareptas und die Diakone Nazareths, die Dozenten und Studenten der Theologischen Schule, die Freunde, Förderer und Spender Bethels. Abordnungsfeiern und Missionsfeste, eine Flut von Missionsschriften, das Missionsmuseum im Missionshaus Philippi, das unausgesetz-

Sind unsere Eingeborenen in Ruanda fähig, Christen im Vollsinne des Wortes zu werden? Auf diese Frage wird mancher von vorneherein, ohne die Nyaruanda [Ruander] zu kennen, antworten: «Nein, denn der Neger ist überhaupt nicht fähig, die Lehre des Christentums zu verstehen, geschweige denn der christlichen Moral zu gehorchen.» Wenn mit dieser Antwort gesagt werden soll, daß der Mensch und deshalb auch der Neger aus eigener Vernunft und Kraft nicht imstande sei, an Jesum Christum als seinen Herrn zu glauben und zu ihm zu kommen, so bestreiten wir diese Katechismuswahrheit selbstverständlich durchaus nicht. Soll aber mit jener Behauptung ein tiefgreifender Unterschied zwischen der Eigenart des Negers und derjenigen der sogenannten Kulturvölker aufgestellt werden, so ist wohl die Forderung berechtigt, daß man sich erst gründlicher mit der Eigenart des Negers beschäftigt, ehe man urteilt.

Ernst Johannsen: Ruanda. Kleine Anfänge – Große Aufgaben der Evangelischen Mission im Zwischenseengebiet Deutsch-Ostafrikas, Bethel 1912, S. 68

«Wirf's fröhlich ein! Es trägt dir reichen Lohn!» Mit dem «Missionsneger» sammelte man in Bethel Liebesgaben für die ostafrikanische Mission.

te Sammeln von Liebesgaben mit Hilfe des «Missionsnegers» – das alles hielt den «Missionsfrühling» wach. Personifiziert wurde der Brückenschlag zwischen Volksmission und Völkermission durch zwei aus der Sklaverei befreite afrikanische Kinder, die ein Missionar bei seinem Erholungsurlaub im Jahre 1891 mit nach Bethel gebracht hatte: den dreizehnjährigen Ali und die etwa fünf Jahre alte Fatuma. Unter großer Anteilnahme der gesamten Zionsgemeinde wurden die beiden Kinder getauft. Als sie wenig später an «Schwindsucht» starben, wurde ihr «geduldiges Leiden» und «seliges Sterben» in den Bethelpublikationen ganz im Sinne der Sterbefrömmigkeit Bodelschwinghs ausgeschlachtet. Selbstkritische Töne waren nicht zu hören, auch nicht in Hinblick auf drei weitere afrikanische Kinder, die zeitweilig nach Bethel geholt worden waren und nach ihrer Rückkehr, sozial entwurzelt, in Prostitution und Alkoholismus endeten.[129] Hier zeichnen sich die Schattenseiten der Mission in aller Schärfe ab.

Auf der anderen Seite leisteten Bethelmissionare vor Ort in den Elementarschulen und Krankenstationen wirksame - humanitäre Hilfe. Zu einem Vorbild kirchlicher Katastrophenhilfe wurde Bodelschwinghs Kampagne «Brot für Steine». Als 1899 in Ostafrika eine große Hungersnot ausbrach, berichtete einer der Missionare nach Bethel, er versuche, den Hungernden dadurch einen kleinen Verdienst zu schaffen, dass er sie Steine zum Bau einer Kirche herbeitragen lasse. Bodelschwingh las diese Mitteilung während einer Eisenbahnfahrt, diktierte seinem Sohn Gustav an Ort und Stelle einen flammenden Aufruf unter dem Titel «Brot für Steine» in die Feder und stellte nach dem Schlusspunkt des Diktats selbstzufrieden fest: *So, nun habe ich hunderttausend Mark.*[130] Am Ende sollten es dreihunderttausend Mark sein. Der eingängige Slogan und die geschickte Konzeption, die dem Spender das Gefühl vermittelte, in doppelter Hinsicht – durch die Linderung des Hungers und den Bau einer Kirche – unmittelbar an einem christlichen Liebeswerk beteiligt zu sein, bewirkte eine ungeheure Mobilisierung. Zugleich steigerte die Kampagne den Nimbus Friedrich von Bodelschwinghs, der, Steine in Brot verwandelnd, der Versuchungsgeschichte Jesu eine überraschende, mit dem göttlichen Heilsplan übereinstimmende Wendung gab (Matth. 4, 1–4; Luk. 4, 1–4). Nicht zuletzt wurde dadurch die von schleichender «Veralltäglichung» bedrohte charismatische Herrschaft Bodelschwinghs über seine christliche Kolonie noch einmal gefestigt.[131]

Der Weg in die Politik (1903–1910)

Friedrich von Bodelschwingh hatte keine politischen Ambitionen. Den Anstoß dafür, dass er dennoch, wenn auch zögernd und widerstrebend, in fortgeschrittenem Alter die politische Arena betrat, gab die soziale Frage. Sie zwang ihn geradezu, eine politische Position zu beziehen. Von seiner christlich-altkonservativen Grundhaltung her war er ein entschiedener Gegner der Sozialdemokratie, wenngleich er sich nicht scheute, gelegentlich bei sozialdemokratischen Parteiversammlungen zu erscheinen und sich mit den Rednern lebhafte Wortgefechte zu liefern. Bodelschwingh erkannte an, dass viele der praktischen Forderungen der Sozialdemokraten berechtigt waren. Folgerichtig setzte er sich zwar für die Annahme des Sozialistengesetzes ein, forderte aber im gleichen Atemzug ein Paket flankierender sozialpolitischer Maßnahmen.

Folgerichtig näherte sich Bodelschwingh den politischen Positionen des Hofpredigers Adolf Stoecker an, der im Januar 1878 den Versuch unternommen hatte, eine «Christlich-Soziale Arbeiterpartei» zu gründen. Deren Programm konnte sich Bodelschwingh durchaus zu Eigen machen, wenngleich ihm der «Staatssozialismus» zu stark betont war. Die Idee des christlichen Staates, die im Zentrum des Stoecker'schen Denkens stand, betrachtete Bodelschwingh mit tiefer Skepsis.

Zwischen den beiden Männern entwickelte sich trotz ihres höchst unterschiedlichen Temperaments eine enge, wenn auch nicht spannungsfreie Freundschaft. Der «Westfälische Hausfreund» unterstützte Stoecker auch noch, als dieser im September 1879 mit seiner antisemitischen Agitation begann. Vor dem Hintergrund der «Gründerkrise» hatte sich seit 1873, insbesondere in der Reichshauptstadt, ein politischer Antisemitismus herausgebildet, der gegenüber dem traditionellen Antijudaismus eine neue Qualität annahm und sich auch schon gelegentlich mit den damals aufkommenden modernen Rassentheorien zu einem aggressiven Rassenantisemitismus verband. Nachdem er mit seinem Versuch, eine christlich-konservative Arbeiterpartei zu gründen, kläglich gescheitert war, lenkte Stoecker das Wasser der antisemitischen «Berliner Bewegung» auf seine Mühlen, strich das Wort «Arbeiter» aus dem Namen seiner Partei und formte sie zu einer bürgerlichen Partei um, die den politischen Antisemitismus als Vehikel benutzte, um die Akzeptanz ihres konservativen Staatssozialismus zu steigern. Der «Westfälische Hausfreund» druckte Stoeckers Reden bis zum Frühjahr 1882 in extenso ab, dann wurde es in dem weiterhin von Bodelschwingh redigierten Blatt schlagartig still um den Hofprediger. Zu diesem Zeitpunkt stand die Eröffnung Wilhelmsdorfs unmittelbar bevor und Bodelschwingh bemühte sich um die Unterstützung des Kronprinzen, von dem bekannt war, dass er der antisemitischen Agitation ablehnend gegenüberstand. Stoecker war zur politischen Belastung geworden. Gleichwohl hielt Bodelschwingh dem Freund die Treue, als dieser bei Hof in Ungnade fiel und schließlich von Wilhelm II. im November 1890 aus seinem Amt als Hofprediger entlassen wurde.

In diesem Zusammenhang äußerte sich Bodelschwingh – als Reaktion auf einen sozialdemokratischen Presseangriff – grundsätzlich zu *Semitismus und Antisemitismus*: *Bloß darum verächtlich auf einen Mitmenschen herabzusehen, weil er ein Jude ist, und das ganze Volk als ein solches unterdrücken und verfolgen und aus unreinen, materiellen Rücksichten, z. B. mit dem Feldgeschrei: Kauft bei keinem Juden!, zum Kampf aufrufen, ist eine Handlungsweise, der sich freilich ein Christ schämen muss. […] Wenn man dagegen unter Semitismus diejenige Macht versteht, welche unter Wegwerfung jeglichen Glaubens und jeglicher Moral auf dem Boden des nacktesten Materialismus stehend die Emanzipation des Fleisches predigt, alles beschmutzt, was einem Christen, ja was jedem edlen Menschen heilig sein muss, Thron und Altar gleichmäßig unterwühlt, nur um möglichst viel Geld zu verdienen, nicht etwa nur gewissenlos den Nächsten materiell zu Grunde richtet, sondern auch sittlich verderbt, so ist es klar, daß der Kampf gegen diese Weltmacht*

Adolf Stoecker und Friedrich von Bodelschwingh, 1907.
Trotz mancher Unterschiede im Temperament, im öffentlichen Auftreten und in der politischen Haltung verband die beiden Vorkämpfer christlicher Sozialpolitik eine herzliche Freundschaft.

heilige Pflicht jedes Christen, ja jeden Ehrenmannes ist. Es ist völlig zuzugeben, daß der Name sich nicht völlig mit der Sache deckt. Es sind leider eine große Menge von Christen in das schmachvolle Lager des sogenannten Semitismus übergegangen [...]. Immerhin ist es keinem Zweifel unterworfen, daß nach dem Zahlenverhältnis mindestens neun Zehntel dem Volke Israel angehören.[132]

Antisemitismus fungiert hier, um mit Shulamit Volkov zu sprechen, als «kultureller Code»[133], als Chiffre für alles, was eine Kritik der Moderne aus konservativer Perspektive verwirft: Säkularisierung, Gottlosigkeit und Freidenkertum, Demokratie und Republikanismus, Internationalismus, Materialismus, Libertinage, ungezügelten Kapitalismus und die Macht der Börse. Über und hinter all dem stand das Feindbild des Liberalismus, der in der Verkörperung des «freisinnigen Juden» mit dem Judentum gleichgesetzt wurde. In dieser Form des Antisemitismus wusste sich Bodelschwingh mit Stoecker und mit weiten Teilen des konservativen Lagers einig. Dem aus Angst vor sozialem Abstieg gespeisten «Radauantisemitismus» des Kleinbürgertums stand Bodelschwingh dagegen mit

1871 Abschluss der Judenemanzipation in Deutschland.
1873–1879 «Gründerkrise» und «Große Depression».
1874/75 Eine Artikelserie des Journalisten Otto Glagau über den «Börsen- und Gründungsschwindel in Berlin» in der «Gartenlaube» heizt die Stimmung gegen «jüdische Spekulanten» an.
1878 Gründung der Christlich-Sozialen Arbeiterpartei durch Adolf Stoecker.
1879 Im Umfeld der von Wilhelm Marr gegründeten «Antisemiten-Liga» wird der Begriff «Antisemitismus» geprägt. Stoecker greift den Antisemitismus auf, um seine Christlich-Soziale Partei nach vorn zu bringen, und setzt die «Berliner Bewegung» in Gang.
1879/80 Kontroverse zwischen den Historikern Heinrich von Treitschke und Theodor Mommsen um die «Judenfrage».
1880 Eine Viertelmillion Deutsche unterschreibt eine «Antisemitenpetition». Bildung radikaler kleinbürgerlicher Antisemitenparteien.
1881 Eugen Dühring veröffentlicht seine Schrift «Die Judenfrage als Rassen-, Sitten- und Culturfrage».
1882 Erster Internationaler Antisemiten-Kongress in Dresden.
1892 Die Deutschkonservative Partei verabschiedet ihr «Tivoli-Programm» mit antisemitischen Elementen.
1893 Antisemiten erobern 16 Reichstagsmandate und bilden eine eigene Fraktion. Ab 1894 geht ihr Einfluss jedoch rasch zurück.

tiefem Abscheu gegenüber – 1891 bat er die Betheler Anstaltsgemeinde dringend darum, den Versammlungen des Bielefelder Antisemitischen Vereins fernzubleiben. Auch für den aufkeimenden Rassenantisemitismus fehlte Bodelschwingh jedes Verständnis. Die «Judenfrage» betrachtete er einzig und allein unter dem religiösen Aspekt. Warm setzte er sich für die Judenmission ein, ein getaufter Jude war für ihn ein «christlicher Mitbruder». Erst in der historischen Rückschau wird deutlich, dass jener Sockel dumpf empfundener Ressentiments gegen die Moderne, die sich im Feindbild des «jüdischen Liberalismus» verdichteten, einen fruchtbaren Nährboden für den radikalen Rassenantisemitismus bildete.

Stoeckers Christlich-Soziale Partei war durch ihr Abdriften in antisemitisches Fahrwasser zu diskreditiert, als dass Bodelschwingh hier eine politische Heimat finden konnte. Von Bismarck war er ebenso enttäuscht wie von Wilhelm II., auf den er anfangs große Hoffnungen gesetzt hatte. In dem Maße, wie der junge Kaiser von der Idee des «sozialen Kaisertums» abrückte und einen offen reaktionären Kurs einschlug, verlor Bodelschwingh die Hoffnung, der monarchische Staat werde die soziale Frage lösen können. Auf der anderen Seite konnte der Kaiserbesuch in Bethel im Jahre 1897 nicht darüber hinwegtäuschen, dass Bodelschwinghs Einfluss auf Hof und Regierung zusehends abnahm.

Vor diesem Hintergrund erklärte sich Bodelschwingh zum Entsetzen der Bethelvorstände im September 1903 bereit, bei der anstehenden Wahl zum preußischen Landtag auf der Liste der Deutschkonservativen Partei für den Wahlkreis Bielefeld zu kandidieren. Er zog schließlich als parteiloser Kompromisskandidat der vereinigten Rechtsparteien – der Deutschkonservativen und der Christlich-Sozialen – in den preußischen Landtag ein. Im Mittelpunkt seines Wahlprogramms standen der Bau von Arbeiterhäusern und die Bekämpfung der Arbeitslosigkeit, zwei Anliegen also, die ihn seit längerem schon beschäftigten und die, wie er meinte, den Schlüssel zur Lösung der sozialen Frage darstellten. Bemerkenswert ist, dass er sich explizit für die Errichtung von «paritätischen», d. h. von Arbeitgebern und Arbeitnehmern gemeinsam getragenen Arbeitsnachweisen und für die Einsetzung von «unparteiischen Schiedsgerichten» bei Arbeitskämpfen stark machte – beides wurde von den Konservativen der Ära Stumm entschieden abgelehnt.

Bodelschwinghs Parlamentsreden waren eine Mischung aus Predigt und Burleske und sorgten stets für ausgelassene Heiterkeit im Plenum. Berühmt wurde vor allem seine Rede zur «Kanalvorlage» am 5. Mai 1904, wohl die erste und einzige Rede vor dem preußischen Abgeordnetenhaus, die mit einem «Amen» endete. Treffend kommentierte die «Kölnische Volkszeitung» den Auftritt Bodelschwinghs: «Der vierundsiebzigjährige ‹wild›-konservative Abgeordnete brachte einen ganz neuen und eigenartigen Ton in die Verhandlungen. Er sprach zu den Ministern, den Parteien und den Vorrednern, wie er etwa zu seinen Pflegebefohlenen sprechen mag. In der Anrede zog er das ‹Du› und ‹Ihr› dem ‹Sie› vor. Das Haus hatte seine innige Freude an dem gemütlichen Geplauder des alten Herrn, das ja manchmal jedenfalls aus einem guten Herzen kam und von warmer Liebe für die Armen und Mühseligen zeugte.»[134] Im Parlament spielte Bodelschwingh (ganz bewusst, möchte man meinen) die Rolle des komischen Kauzes voll kindlicher Naivität, Humor, Bauernschläue und Altersweisheit, der es durch seine Schnurren immer wieder schaffte, die Aufmerksamkeit auf sein Anliegen zu ziehen. Auch wenn er seine Rolle bisweilen überzog, wurde doch der leidenschaftliche Ernst, der sich hinter der komischen Maske verbarg, von allen Seiten erkannt und anerkannt.

Bodelschwinghs größter Erfolg auf der parlamentarischen Bühne war die Verabschiedung des preußischen Wanderarbeitsstättengesetzes, das nach langem parlamentarischem Tauziehen am 29. Juni 1907 endlich in Kraft treten konnte. Zu Recht sprach der preußische Innenminister Theobald von Bethmann Hollweg von einer «Lex Bodelschwingh», denn ohne dessen unermüdlichen Einsatz wäre dieses Gesetz schwerlich zustande gekommen. Den erhofften Durchbruch brachte es allerdings nicht. Um überhaupt zu einer gesetzlichen Rege-

«Vater Bodelschwingh». Schon zu Lebzeiten trat der Mensch allmählich hinter den Mythos zurück.

lung zu gelangen, hatte sich Bodelschwingh zu sehr weit reichenden Abstrichen bereit finden müssen. Vor allem die Regelung, dass es einer Zweidrittelmehrheit im Provinziallandtag bedurfte, um die Einführung eines flächendeckenden Netzes von Wanderarbeitsstätten in einer Provinz für obligatorisch zu erklären, nahm dem Gesetz viel von seiner Wirksamkeit. Zu Bodelschwinghs Enttäuschung kam eine solche Zweidrittelmehrheit nicht einmal in seinem engeren Wirkungskreis, der

Provinz Westfalen, zustande. Bemerkenswert ist, dass Bodelschwingh, und zwar sehr zum Unmut seines langjährigen Mitarbeiters Karl Mörchen, der ihn deswegen öffentlich scharf kritisierte, zu einem solchen Kompromiss überhaupt bereit gewesen war, um eine parlamentarische Mehrheit zu sichern. Hier deutet sich an, dass Bodelschwingh in den drei Jahren seiner Abgeordnetentätigkeit im Hinblick auf politisches Taktieren einiges dazugelernt hatte. Dass er mehr nicht erreichen konnte, lag nicht an mangelndem politischem Geschick. Vielmehr berührte das Wanderarbeitsstättengesetz über seinen eigentlichen Gegenstand hinaus einen ganz wesentlichen Punkt. In der Debatte hatte Innenminister Bethmann Hollweg den Standpunkt der Regierung dargelegt, wonach die Wandererfürsorge als Teil der Armenpflege und somit nicht als Aufgabe des Staates, sondern der Familien, der freigemeinnützigen Wohltätigkeitsvereine, der Städte und Gemeinden anzusehen sei. Der nationalliberale Abgeordnete Theodor Schröder hatte dem entgegengehalten, die Wandererfürsorge sei längst über die kommunale Armenpflege hinausgewachsen und Teil der staatlichen Sozialpolitik geworden: «Es ist eine Arbeitslosenfürsorge oder, wenn Sie so wollen, ein erstes Stück der Arbeitslosenversicherung.»[135] In der Debatte wiegelte Bodelschwingh ab. Seine Bestrebungen liefen aber tatsächlich auf die Schaffung einer allgemeinen Arbeitsvermittlung und Erwerbslosenfürsorge hinaus – beides sollte der Wilhelminische Staat bis 1914 nicht mehr zustande bringen. Mit anderen Worten: Bodelschwingh, der noch in der Frage der Arbeiterkolonien ganz auf die gesellschaftliche Selbsthilfe in der Form christlicher Liebeswerke gesetzt hatte, war über der Frage der Wanderarbeitsstätten, zumindest im Kernbereich der Arbeitsmarktpolitik, zu einem Wegbereiter des Wohlfahrtsstaates geworden, wie er in der Weimarer Republik Gestalt annahm.

Tod und Verklärung

Seit seiner schweren Erkrankung im Jahre 1899 war Bodelschwinghs Gesundheit angeschlagen. Das chronische Blasen- und Prostataleiden machte sich immer wieder bemerkbar. Dennoch schonte sich Bodelschwingh nicht. Wenn er auch die Leitung der Betheler Anstalten Schritt für Schritt in andere Hände legte, war seine Zeit doch weiter mit rastloser Tätigkeit angefüllt. Zwei Projekte wurden ihm in seinen letzten Lebensjahren geradezu zur Obsession: der Aufbau einer Arbeiterkolonie vor den Toren Berlins und die Eröffnung des neuen Missionsgebiets in Ruanda. Mit einer Papierflut von kaum vorstellbaren Ausmaßen trieb Bodelschwingh die Errichtung der Hoffnungstaler Anstalten voran – allein im Jahre 1906 verschickte er in dieser Sache über 600 Briefe. Bodelschwingh hatte sich bei dieser letzten Kraftanstrengung übernommen. Im Mai 1906 erlitt er einen Schwächeanfall.

Trotzdem stürzte er sich kurz darauf mit aller ihm verbliebenen Energie in ein neues Projekt, die Mission in Ruanda. Zeitweilig sprach Bodelschwingh von nichts anderem mehr. Selbst ein leichter Schlaganfall, den er am 19. April 1909 erlitt, der ihm fortan das Sprechen schwer machte und ihn zeitweilig in den Rollstuhl zwang, konnte seinen Elan nicht bremsen. In seinen letzten Lebensmonaten und ungeachtet schwindender körperlicher Kräfte betrieb Bodelschwingh, erschüttert angesichts der nicht abreißenden Nachrichten über die gewalttätige Unterdrückung der indigenen Bevölkerung im Kongostaat, der von den belgischen Kolonialherren rücksichtslos ausgebeutet wurde, die Gründung einer deutschen Kongo-Liga. Er drängte darauf, die Missionsarbeit auf der Insel Ijwi im Kivusee aufzunehmen, die auf der Grenze zwischen Ruanda und dem Kongo lag.

Noch der letzte Brief, den Bodelschwingh diktierte, ging an die Missionare in Ruanda. Am Abend des nächsten Tages,

Bodelschwingh mit Kaiserin Auguste Viktoria bei der Einweihung der Kolonie Hoffnungstal. Von Kind an der Familie der Hohenzollern eng verbunden, bemühte sich Bodelschwingh mit wechselndem Erfolg, das Kaiserhaus für seine Liebeswerke zu gewinnen.

dem 30. März 1910, schrieb er nach dem Zubettgehen noch einige Gedanken zu einem Aufruf für die «Kongoneger» nieder und ließ sich von seiner Tochter einen Bericht über Ruanda vorlesen. Wenig später traf ihn ein schwerer Schlaganfall, der ihn linksseitig völlig lähmte. Seine engsten Mitarbeiter, die

Nach dem ersten Schlaganfall, Postkarte aus dem Jahr 1909.
Zweite von rechts: Bodelschwinghs Schwester Frieda

Diakonissen des Mutterhauses, die Diakone der Brüderanstalt und eine Abordnung der Wilhelmsdorfer Kolonisten hatten noch die Gelegenheit, sich von ihm zu verabschieden. Am 2. April 1910 starb Friedrich von Bodelschwingh im Kreis seiner Kinder. Gemeinsam mit den hohen Würdenträgern aus

Staat und Kirche begleiteten die «Epileptischen», «Schwachsinnigen», «Verkrüppelten» und «Gemütskranken» der Betheler Häuser den Sarg von der Zionskirche zum Friedhof.

Friedrich von Bodelschwingh war schon zu Lebzeiten zur Legende geworden. Nach seinem Tod erschien eine wahre Flut von Erinnerungsliteratur, die, immer wieder neu aufgelegt, sein Bild bis heute verklärt. «Vater Bodelschwingh» erscheint als eine Heiligengestalt von unerschütterlicher Glaubenskraft, überquellender Liebe und nie versiegender Barmherzigkeit, gütig und milde, von heiterer Gelassenheit, freundlich, humorvoll, verständnisvoll und nachsichtig. Alle diese Wesenszüge lassen sich in den Quellen tatsächlich finden. Die Ecken und Kanten seines Charakters, die aus den Quellen ebenso deutlich hervortreten, haben sich allerdings im Zuge der Legendenbildung abgeschliffen: die geistige Enge seines Glaubens, ein Sendungsbewusstsein, das es ihm schwer machte, andere Meinungen gelten zu lassen, sein mild patriarchalischer, dennoch autoritärer Führungsstil, die Rücksichtslosigkeit, mit

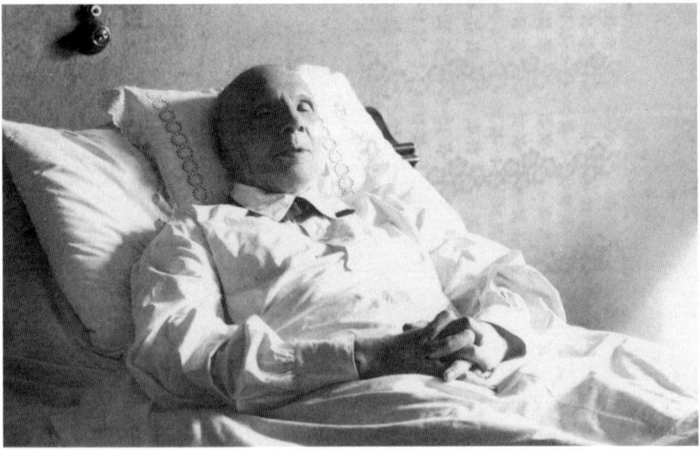

Auf dem Totenbett. Gemäß der von ihm geprägten Sterbefrömmigkeit wurde Bodelschwinghs «Heimgang» als Lehrstück seligen Sterbens verklärt.

der er Menschen, die seinem Charisma erlagen, für seine Zwecke einspannte.

Das Geheimnis Bodelschwinghs war, dass er nicht wegschauen konnte. Buchstäblich bis in seine letzten Lebenstage hinein hat er sich von der Begegnung mit menschlichem Elend existenziell berühren lassen, ob es sich nun um pommerische Landarbeiter, hessische Straßenkinder in Paris, Epilepsiekranke, Wanderarme, hungernde Afrikaner, Armenier im Osmanischen Reich oder südafrikanische Buren handelte. Mit leidenden Menschen konfrontiert, konnte er nicht anders, als sofort mit äußerster Entschlossenheit und Leidenschaft zu handeln. Weil er selber tief bewegt war, bewegte er andere ganz im Sinne des Bibelwortes, das auf seinem Grabstein stand: «Weil uns Barmherzigkeit widerfahren ist, darum werden wir nicht müde» (2. Kor. 4, 2).

Pläne, ihm in Bethel ein Denkmal zu setzen, verschwanden letztlich in der Schublade. Die v. Bodelschwinghschen Anstalten selber sind – auch wenn sich heute nur noch Spuren des ursprünglichen Konzepts einer christlichen Musterkolonie dort finden – das bleibende Zeugnis seines Lebenswerks. Bodelschwingh hat nicht nur eines der weltweit größten diakonischen Unternehmen geschaffen; dass die evangelische Diakonie (ebenso wie die katholische Caritas) ein Eckpfeiler des modernen Sozialstaates geworden ist – vielleicht einer seiner stabilsten Pfeiler in Zeiten des Ab- und Umbaus der sozialen Sicherungssysteme –, ist ganz wesentlich auch auf sein Lebenswerk zurückzuführen.

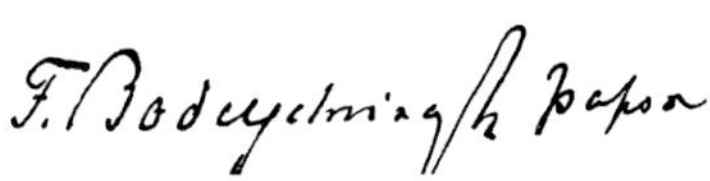

Anmerkungen

1 Das Folgende nach Matthias Benad: Eine Stadt für die Barmherzigkeit. In: Ursula Röper/Carola Jüllig (Hg.), Die Macht der Nächstenliebe. Einhundertfünfzig Jahre Innere Mission und Diakonie, 1848–1998, o. O., o. J. [Berlin 1998], S. 122–129
2 Ebd., S. 122
3 Matthias Benad: Diakonie als Aufbruch in die himmlische Heimat. Friedrich von Bodelschwingh (1831–1910). In: Evangelische Kommentare 10/1995, S. 596–604, Zitat: S. 603
4 Matthias Benad: Seelenführung und charismatische Herrschaft bei Friedrich von Bodelschwingh dem Älteren. In: Ders. u. a. (Hg.), Annäherungen an das Heilige. Gottesliebe und Nächstenliebe in den Religionen. Edmund Weber zum 60. Geburtstag, Stuttgart u. a. 1999, S. 11–22
5 Theodor Schober: Zur Einführung. In: Manfred Hellmann, «... sonst sterben sie drüber». Perspektiven aus dem Leben des Friedrich von Bodelschwingh, Bethel 1983, S. 5–8, hier: S. 5 f.
6 Lothar Gall: Bismarck. Der weiße Revolutionär, Frankfurt/Main u. a. 1983
7 Zum Folgenden: Wolfgang Hardtwig: Vormärz. Der monarchische Staat und das Bürgertum, München 1985, S. 46–50; Thomas Nipperdey: Deutsche Geschichte 1800–1866. Bürgerwelt und starker Staat, München 1983, S. 366–377; Hans-Ulrich Wehler: Deutsche Gesellschaftsgeschichte, Bd. 2: Von der Reformära bis zur industriellen und politischen «Deutschen Doppelrevolution» 1815–1845/49, München 1987, S. 345–369
8 Zur Biographie: Ernst von Bodelschwingh. In: Allgemeine Deutsche Biographie, Bd. 3, Berlin 1967, S. 3–5; Walter Bußmann: Ernst von Bodelschwingh. In: Neue Deutsche Biographie, Bd. 2, Berlin 1971, S. 350 f.; Horst Romeyk: Die leitenden staatlichen und kommunalen Verwaltungsbeamten der Rheinprovinz 1816–1945, Düsseldorf 1994, S. 360 f.
9 Werner Gerber: Staatsminister Ernst von Bodelschwingh. Staatsmann und Christ. In: Jahrbuch für westfälische Kirchengeschichte 76 (1983), S. 55–61, Zitat: S. 61 (Anm. 11)
10 Hans-Joachim Schoeps: Das Leben Ernst von Bodelschwinghs. In: Ders. (Hg.), Briefwechsel zwischen Ernst von Bodelschwingh und Friedrich Wilhelm IV., Berlin 1968, S. 9–23, Zitat: S. 10
11 Früher gebräuchlicher Begriff für einen Symptomenkomplex bei tuberkulosekranken Kindern, der durch Augenentzündungen, chronischen Schnupfen und Lymphknotenschwellung, vor allem am Hals, gekennzeichnet ist.
12 Schoeps: Leben, S. 10
13 Nipperdey: Geschichte, S. 397
14 Ernst Nolte: Ernst von Bodelschwingh. In: Jahrbuch des Vereins für Westfälische Kirchengeschichte 47 (1954), S. 146–158, hier: S. 152
15 Friedrich von Bodelschwingh: Mehr Luft, mehr Licht und eine ausreichend große eigene Scholle für den Arbeiterstand. Ein Beitrag zur Lösung der sozialen Frage, Bielefeld 1890, S. 4
16 Friedrich von Bodelschwingh: Der Revolutionskessel [Febr. 1870]. In: Ders., Ausgewählte Schriften, Bd. I, Bethel 1950, S. 590
17 Martin Gerhardt/Alfred Adam: Friedrich von Bodelschwingh. Ein Lebensbild aus der deutschen Kirchengeschichte, Bd. I: Martin Gerhardt: Werden und Reifen, Bethel 1950, S. 87
18 Nipperdey: Geschichte, S. 148
19 Zum Folgenden: Hans-Ulrich

Wehler: Deutsche Gesellschaftsgeschichte, Bd. 1: Vom Feudalismus des Alten Reiches bis zur Defensiven Modernisierung der Reformära, 1700–1815, S. 409–428, Bd. 2, S. 33–53; Nipperdey: Geschichte, S. 145–178

20 Friedrich von Bodelschwingh: Erinnerungen. In: Beth-El 5 (1913), S. 13 f.

21 Friedrich an Ernst von Bodelschwingh, Himmelfahrtstag/Pfingsten 1852. In: Friedrich von Bodelschwingh: Briefwechsel, Teil 1: 1852–1860, Bethel 1966, S. 7, 3 f.

22 Ebd., S. 5

23 Das Folgende nach Nipperdey: Geschichte, S. 423–440

24 Ebd., S. 423

25 Ebd., S. 429 f.

26 Ebd., S. 425

27 Ebd.

28 Friedrich von Bodelschwingh: Erinnerungen. In: Beth-El 5 (1913), S. 83

29 Wilhelm Schlatter: Geschichte der Basler Mission, 1815–1915, 2 Bde., Basel 1916

30 Friedrich von Bodelschwingh: Erinnerungen. In: Beth-El 5 (1913), S. 111

31 Gerhardt/Adam: Bodelschwingh, Bd. I, S. 156

32 Zit. n. ebd., S. 173

33 Ebd., S. 199 f.

34 Friedrich von Bodelschwingh: Erinnerungen. In: Beth-El 5 (1913), S. 244

35 Bodelschwingh an Josenhans, 4. 1. 1858. In: Friedrich von Bodelschwingh: Briefwechsel, Teil I, S. 30

36 Johannes Willms: Paris. Hauptstadt Europas, 1789–1914, München 1988, S. 369

37 Friedrich von Bodelschwingh: Die evangelische Mission unter den Deutschen in Paris [1858/59]. In: AS, Bd. I, Bethel 1955, S. 7–19, Zitat: S. 7

38 Friedrich von Bodelschwingh: Babel ist gefallen [1871]. In: AS, Bd. I, S. 678 f.

39 Friedrich von Bodelschwingh: Die evangelische Mission unter den Deutschen in Paris [1861]. In: AS, Bd. I, S. 70–90, Zitat: S. 89

40 Friedrich von Bodelschwingh: Die deutschen Protestanten in den Hospitälern von Paris [1861], zit. n. Gerhardt/Adam: Bodelschwingh, Bd. I, S. 321

41 Jacques Grandjonc/Michael Werner: Deutsche Auswanderungsbewegungen im 19. Jahrhundert (1815–1914). In: Deutsche Emigranten in Frankreich. Französische Emigranten in Deutschland, 1685–1945. Eine Ausstellung des französischen Außenministeriums in Zusammenarbeit mit dem Goethe-Institut Paris 1983, 2. Aufl., Paris 1984, S. 82–86

42 Zum Folgenden auch: Wilhelm von der Recke (Hg.): Fluctuat nec mergitur … Deutsche Evangelische Christuskirche Paris 1894–1994, Sigmaringen 1994, S. 13 f., 31–50

43 Friedrich von Bodelschwingh: Licht und Schatten der hessischen Einwanderung in Paris [1864]. In: AS, Bd. I, S. 134–149, Zitat: S. 138

44 Ebd., S. 139

45 Die damaligen Kirchentage waren Versammlungen protestantischer Honoratioren aus Kirche und Gesellschaft und sind von den Kirchentagen der 1920er Jahre, dem leitenden Organ des Deutschen Evangelischen Kirchenbundes, und den heutigen Großveranstaltungen grundlegend zu unterscheiden.

46 Gerhardt/Adam: Bodelschwingh, Bd. I, S. 262, 334, 341

47 Friedrich von Bodelschwingh: Von der deutschen Mission in Paris [1859]. In: AS, Bd. I, S. 20–35, Zitat: S. 28

48 Friedrich von Bodelschwingh: Aus Paris [1861]. In: AS, Bd. I, S. 67 f., Zitat: S. 67

49 Friedrich an Karl von Bodel-

schwingh, undatiert [1860], Entwurf, zit. n. Gerhardt/Adam: Bodelschwingh, Bd. I, S. 278

50 Ebd., S. 337

51 Friedrich von Bodelschwingh: Erinnerungen. In: Beth-El 11 (1919), S. 31

52 Ebd.

53 Gerhardt/Adam: Bodelschwingh, Bd. I, S. 362, 365

54 Westfälischer Hausfreund 6 (1870), Nr. 26 (24. 6. 1870), S. 1

55 Ebd., 3 (1867), Nr. 11 (17. 3. 1867), S. 1

56 Ebd., 6 (1870), Nr. 28 (16. 7. 1870), S. 2

57 Friedrich von Bodelschwingh: Die Arbeiterfrage [1869]. In: AS, Bd. I, Bethel 1955, S. 549–551, Zitat: S. 549 f.

58 Westfälischer Hausfreund 2 (1866), Nr. 26 (30. 6. 1866), S. 1

59 F. Wilhelm Schwindt: Die Arbeit an Tuberkulosekranken. In: Matthias Benad/Hans-Walter Schmuhl (Hg.), Bethel – Eckardtsheim. Von der Gründung der ersten deutschen Arbeiterkolonie bis zur Auflösung als Teilanstalt (1882–2001), voraussichtlich Stuttgart 2005, Anm. 30, merkt aus ärztlicher Sicht an, dass alle Symptome auf Diphtherie hinweisen.

60 Friedrich von Bodelschwingh an seine Mutter, 13. Januar 1869. In: Ders., Briefwechsel, T. 2: von 1860 bis 1883, Bethel 1966, S. 26

61 Dazu grundlegend: Matthias Benad: Frömmigkeit und Familie in Bethel, Sarepta und Nazareth. In: Hans Christoph Stoodt/Edmund Weber (Hg.), Inter Legem et Evangelium, Frankfurt a. M. 1994, S. 9–28

62 Friedrich von Bodelschwingh: Von dem Leben und Sterben vier seliger Kinder. In: AS, Bd. I, S. 477–519. Als selbständige Broschüre z. B. 24. Aufl., Bethel 1952

63 Gustav von Bodelschwingh: Friedrich von Bodelschwingh. Eine Geschichte seines Lebens, 5. Aufl., Berlin 1926, S. 174

64 Im 19. Jahrhundert nannte man Menschen, die man heute als «epilepsiekrank», «geistig behindert» oder «psychisch krank» bezeichnen würde, «Epileptische», «Epileptiker» oder «Fallsüchtige», «Schwachsinnige», «Blöde» oder «Idioten», «Irre», «Geistes-» oder «Gemütskranke». Im Folgenden werden die in den Quellen verwendeten älteren Bezeichnungen – stets in Anführungszeichen – immer dann benutzt, wenn es darum geht, das zeitgenössische Verständnis zum Ausdruck zu bringen.

65 1. Jahresbericht der westfälisch-rheinischen evangelischen Anstalt für Epileptische in Bielefeld, Bielefeld 1868, S. 8

66 Gerhardt/Adam: Bodelschwingh, Bd. I, S. 513

67 Vgl. auch Erinnerungsblätter an unsere Mutter Diakonisse Emilie Heuser. Den Töchtern Sareptas gewidmet Weihnachten 1900, Bethel 1900. Vgl. Matthias Benad: «Komme ich um, so komme ich um [...]». Sterbelust und Arbeitslast in der Bielefelder Diakonissenfrömmigkeit. In: Jahrbuch für Westfälische Kirchengeschichte 97 (2002), S. 195–213, hier: S. 203–211

68 Gerhardt/Adam: Bodelschwingh, Bd. II/1; Martin Gerhardt: Das Werk, Bethel 1952, S. 53

69 Mitteilungen für die Mitglieder des Pfennigvereins des Diakonissenhauses Sarepta bei Bielefeld, Nr. 2/3 (1878), S. 4 f.

70 Friedrich von Bodelschwingh: Christlicher Ratgeber für Epileptische. In: AS, Bd. II, S. 67–82, Zitat: S. 68

71 Mitteilungen für die Freunde des Pfennigvereins von Bethel und Sarepta 6/7 (1880), S. 6

72 Benad: Stadt der Barmherzigkeit, S. 126

73 Friedrich von Bodelschwingh:

Über die öffentliche Fürsorge für Epileptische. In: AS, Bd. II, S. 42–66, hier: S. 66
74 Theodor Heuss: Friedrich von Bodelschwingh. In: Ders., Deutsche Gestalten. Studien zum 19. Jahrhundert, Stuttgart 1947, S. 257–262, Zitat: S. 261
75 Gerhardt/Adam: Bodelschwingh, Bd. II/1, S. 178
76 Benad: «Komme ich um», S. 197
77 Christiane Borchers: Die Diakonissenschaft Sareptas. Eine statistische Untersuchung zu den Probeschwestern, Hilfsschwestern und eingesegneten Schwestern der Westfälischen Diakonissenanstalt Sarepta in Bethel/Bielefeld. In: Matthias Benad (Hg.), Bethels Mission (1). Zwischen Epileptischenpflege und Heidenbekehrung, Bielefeld 2001, S. 75–118, hier: S. 75, 86 und S. 83, 87
78 Benad: Frömmigkeit, S. 17
79 Benad: «Komme ich um», S. 198
80 Friedrich von Bodelschwingh: Das Diakonissen-Gelübde. In: AS, Bd. II, S. 108–125, Zitat: S. 108f.
81 Borchers: Diakonissenschaft, S. 89–95
82 Vgl. Friedrich von Bodelschwingh: Erziehung der Schwestern zur Wahrhaftigkeit und zur Zucht in der Gemeinschaft und durch die Gemeinschaft. In: AS, Bd. II, S. 28–41
83 Benad: «Komme ich um», pass.
84 Anspielung auf Esther 4, 16.
85 Bote von Bethel 32 (1902), H. 3, S. 4f.
86 Benad: «Komme ich um», S. 202
87 Borchers, Diakonissenschaft, S. 95f.
88 Robert Frick: Die ersten 100 Jahre. In: Horst Bauer u. a. (Hg.), Was kann aus Nazareth Gutes kommen? Aus der 125jährigen Geschichte der Diakonischen Gemeinschaft und Westfälischen Diakonenanstalt Nazareth/Bethel, Bielefeld 2002, S. 9–159, hier: S. 19 und S. 30
89 Petra Brinkmeier: Wie aus Diakonenbräuten Hausmütter wurden. Zur Funktion der Brautkurse in der Diakonenschaft Nazareth 1894–1968. In: Matthias Benad (Hg.), Friedrich von Bodelschwingh d. J. und die Betheler Anstalten. Frömmigkeit und Weltgestaltung, Stuttgart u. a. 1997, S. 239–257
90 Hermann Klasing: Beiträge zur Geschichte der Familie Klasing, Bielefeld 1927, S. 81
91 Benad: Seelenführung, S. 14–18.
92 Friedrich von Bodelschwingh jun.: Aus einer hellen Kinderzeit, 15. Aufl., Bethel 1995, S. 7f. und S. 44
93 Benad: Stadt der Barmherzigkeit, S. 127
94 Zum Folgenden ausführlich: Hans-Walter Schmuhl: Arbeitsmarktpolitik und Arbeitsverwaltung in Deutschland 1871–2002. Zwischen Fürsorge, Hoheit und Markt, Nürnberg 2003, S. 1–61
95 Grundlegend: Jürgen Scheffler: Frömmigkeit und Fürsorge. Die Gründung der Arbeiterkolonie Wilhelmsdorf und die Wohlfahrtspflege in Westfalen und Lippe um 1800. In: Hans Bachmann/Reinhard van Spankeren (Hg.), Diakonie: Geschichte von unten. Christliche Nächstenliebe und kirchliche Sozialarbeit in Westfalen, Bielefeld 1995, S. 117–142; ders.: Die Anstalt Bethel und die «Brüder von der Landstraße». Anstaltsdiakonie und Wohlfahrtspflege am Beispiel der Wandererfürsorge. In: Matthias Benad/Kerstin Winkler (Hg.), Bethels Mission (2). Bethel im Spannungsfeld von Erweckungsfrömmigkeit und öffentlicher Fürsorge, Bielefeld 2001, S. 197–224; ders.: Die Arbeiterkolonie Wilhelmsdorf (1882–1970). In: Benad/Schmuhl (Hg.), Bethel – Eckardtsheim
96 So Caroline von Zacha, zit. n. Gerhardt/Adam: Bodelschwingh,

Bd. II/2: Alfred Adam, Das Werk, Bethel 1958, S. 273
97 Friedrich von Bodelschwingh: Meinen lieben Brüdern von der Landstraße. In: AS, Bd. II, S. 126–143, Zitat: S. 133
98 Matthias Benad: Religiöse Grundlagen. In: Ders./Hans-Walter Schmuhl (Hg.), Bethel – Eckardtsheim
99 Bielefelder Sonntagsblatt 1879, S. 122
100 Vorwärts, Nr. 13, 22. 3. 1883
101 Vgl. Jürgen Scheffler: Die Wandererfürsorge zwischen konfessioneller, kommunaler und staatlicher Wohlfahrtspflege. In: Jochen-Christoph Kaiser/Martin Greschat (Hg.), Sozialer Protestantismus und Sozialstaat. Diakonie und Wohlfahrtspflege in Deutschland 1890 bis 1938, Stuttgart u. a. 1996, S. 104–117
102 Zahlen aus: Die Arbeiterkolonie Wilhelmsdorf 1882–1888 und Verwandtes, Bethel 1889
103 Dazu ausführlich: Karl Heinrich Pohl: Zwischen protestantischer Ethik, Unternehmerinteresse und organisierter Arbeiterbewegung. Zur Geschichte der Arbeitsvermittlung in Bielefeld von 1887 bis 1914, Bielefeld 1991
104 Zit. n. Gerhardt/Adam: Friedrich von Bodelschwingh, Bd. II/2, S. 293
105 Hartmut Lehmann: Bodelschwingh und Bismarck. Christlich-konservative Sozialpolitik im Kaiserreich. In: Historische Zeitschrift 208 (1969), S. 607–626, hier: S. 613–620; Robert Stupperich: Der Konflikt zwischen Bismarck und Bodelschwingh. In: Jahrbuch für Westfälische Kirchengeschichte 88 (1994), S. 237–251, hier: S. 244–251
106 Vgl. Benad/Schmuhl (Hg.): Bethel – Eckardtsheim
107 Wolfgang Motzkau-Valeton (Hg.): Freistatt. Menschen – Land – Arbeiten. Ein historisches Lesebuch, Bielefeld 1999
108 Wolfram Korn u. a. (Hg.): Bethel und das Geld, 1867–1998, Bielefeld 1998, S. 141 f. (Tab.)
109 Zum Folgenden: Hans-Walter Schmuhl: Ärzte in der Anstalt Bethel 1870–1945, Bielefeld 1998; ders.: Ärzte in der Westfälischen Diakonissenanstalt Sarepta 1890–1970, Bielefeld 2001
110 Bericht über die erste Conferenz deutscher evangelischer Irrenseelsorger am 30. October 1889 in dem Diaconissenhause Sarepta bei Bielefeld, Münster 1889, S. 9
111 Ebd., S. 10
112 Ebd., S. 8
113 Jahressitzung des Vereins der deutschen Irrenärzte, Frankfurt a. M., den 25. und 26. Mai 1893. In: Chronik der christlichen Welt 3 (1893), Sp. 201–204; Friedrich von Bodelschwingh: Psychiatrie und Seelsorge. In: Ebd., Sp. 742–746; Medizinalrat Dr. Siemens/Geheimer Sanitätsrat Dr. Zinn: Psychiatrie und Seelsorge. Erwiderung. In: Ebd., Sp. 794–797
114 Bodelschwingh an Steffan, 13. 10. 1896, Hauptarchiv Bethel 1/C 9
115 Friedrich von Bodelschwingh, Fünfzig Briefe an Schwestern. Bethel 1936, S. 62
116 Anneliese Hochmuth: Spurensuche. Eugenik, Sterilisation, Patientenmorde und die von Bodelschwinghschen Anstalten Bethel 1929–1945, Bielefeld 1997
117 Die Bezeichnung Bethel wird seither in vierfachem Sinne verwendet: erstens als Bezeichnung für die ursprüngliche Epileptischenanstalt, zweitens – als *pars pro toto* – für das Gesamtgefüge der Anstalten, drittens für die Betheler Kirchengemeinde und viertens für die Ortschaft.
118 So der Professor für Praktische Theologie an der Universität Halle,

Willibald Beyschlag. Chronik der christlichen Welt 1895, S. 124
119 AS, Bd. II, S. 275–299
120 Gerhardt/Adam: Bodelschwingh, Bd. II/2, S. 659
121 Zit. n. ebd., S. 402f.
122 Zit. n. ebd., S. 412
123 Gustav Menzel: Die Bethel-Mission. Aus 100 Jahren Missionsgeschichte, Neukirchen-Vluyn 1986, S. 112
124 Vgl. auch Wolfgang U. Eckart: Medizin und Kolonialimperialismus. Deutschland 1884–1945, Paderborn u. a. 1997, S. 370–372
125 Fritz von Bodelschwingh: Friedrich von Bodelschwingh 1831–1910. Ein Blick in sein Leben. In: Beth-El 2 (1910), S. 99–126, Zitate: S. 121
126 Walther Trittelvitz: Nicht so langsam! Missionserinnerungen an Vater Bodelschwingh, Bethel o. J. [1929], S. 5
127 Thorsten Altena: Grenzüberschreitungen: Zum Beziehungsgeflecht von Innerer und Äußerer Mission in den Anfangsjahren der Bethel-Mission. In: Matthias Benad/Vicco von Bülow (Hg.), Bethels Mission (3). Mutterhaus, Mission und Pflege, Bielefeld 2003, S. 147–170, Zitat: S. 161
128 Dazu: Thorsten Altena: Missionare und einheimische Gesellschaft. Zur Kulturbegegnung der Bethel-Mission in Deutsch-Ostafrika 1890–1916. In: Benad (Hg.), Bethels Mission (1), S. 1–74; Hans-Walter Schmuhl, Die Bethel-Mission in Ruanda (1907–1916). Informelle Kolonialherrschaft, sakrales Königstum und christliche Mission. In: Ebd., S. 177–203; Gudrun Honke, Weiße Väter und Bethelmission. In: Dies. (Hg.), Als die Weißen kamen. Ruanda und die Deutschen 1885–1919, Wuppertal 1990, S. 128–153
129 Dazu grundlegend: Thorsten Altena: Afrikanische Kinder in Bethel als Personifizierung des Missionsauftrags. In: Traditionsabbruch, Wandlung, Kontinuitäten (= Diakonie Forum 23 [2000]), S. 25–32
130 Gustav von Bodelschwingh: Bodelschwingh, S. 364
131 Ingo Stucke: Bethel-Gemeinde und Bethel-Mission: Rückwirkungen und Einflüsse der Äußeren Mission auf die diakonische «corporate identity» Bethels 1906–1946. In: Benad/von Bülow (Hg.), Bethels Mission (3), S. 171–251
132 Entwurf einer Pressemitteilung an die Neue Westfälische Volkszeitung. Zit. n. Gerhardt/Adam: Friedrich von Bodelschwingh, Bd. II/1, S. 263
133 Shulamit Volkov: Antisemitismus als kultureller Code. In: Dies., Jüdisches Leben und Antisemitismus im 19. und 20. Jahrhundert. Zehn Essays, 2. Aufl., München 2000, S. 13–36
134 Zit. n. Gerhardt/Adam: Bodelschwingh, Bd. II/2, S. 563
135 Stenographische Berichte über die Verhandlungen des Preußischen Hauses der Abgeordneten, 20. Legislaturperiode, III. Session 1907, Bd. I, Berlin 1907, Sp. 400 und Sp. 407

ZEITTAFEL

1831 Friedrich Christian Karl von Bodelschwingh wird am 6. März als Sohn des Landrats Ernst von Bodelschwingh und seiner Frau Charlotte, geb. von Diest, in Haus Mark im Tecklenburger Land geboren.
Ernst von Bodelschwingh wird zum Regierungspräsidenten in Trier ernannt.

1834 Ernst von Bodelschwingh wird Oberpräsident der Rheinprovinz mit Sitz in Koblenz.

1842 Ernst von Bodelschwingh wird von König Friedrich Wilhelm IV. als Finanzminister nach Berlin berufen. Friedrich kommt auf das Joachimsthaler Gymnasium. Er wird Spielgefährte des preußischen Kronprinzen Friedrich Wilhelm.

1844 Ernst von Bodelschwingh zum Kabinettsminister ernannt. Friedrich wird auf das Friedrich-Wilhelms-Gymnasium umgeschult.

1848 Revolution in Berlin. Ernst von Bodelschwingh tritt als Minister zurück. Die Familie siedelt nach Velmede über. Friedrich besucht das Gymnasium in Dortmund.

1849 Abitur in Dortmund.
Friedrich studiert ein Semester lang Botanik an der Berliner Universität. Erste theologische Vorlesungen.
Landwirtschaftlicher Eleve auf den Rittergütern Kienitz und Wollup im Oderbruch.

1851 Militärzeit. Schwere Erkrankung. Friedrich wird vorzeitig als Halbinvalide entlassen.

1852 Verwalter auf Gut Gramenz in Hinterpommern.

1854 Tod des Vaters. Entschluss, Missionar zu werden.
Aufnahme des Studiums der Theologie in Basel. Kontakte zur Basler Mission.

1856 Fortsetzung des Studiums in Erlangen. Kontakt zu Wilhelm Löhe in Neuendettelsau und Johann Christoph Blumhardt in Bad Boll.

1857 Fortsetzung des Studiums in Berlin.

1858 Erstes Examen der Theologie in Münster.
Prediger der Evangelischen Gemeinde Augsburger Konfession in Paris.
Rede auf dem 10. Deutschen Evangelischen Kirchentag.
Gründung der Schule auf dem «Grünen Hügel».

1860 Erweiterung der «Hügelkolonie».

1861 Heirat mit Ida von Bodelschwingh, der Tochter des preußischen Finanzministers Karl von Bodelschwingh.
Einweihung der «Hügelkirche».

1863 Geburt des ersten Kindes und Erkrankung Idas.

1864 Gemeindepfarrer in Dellwig.

1865 Herausgeber des Sonntagsblatts «Westfälischer Hausfreund».

1866 Feldprediger im preußisch-österreichischen Krieg.

1869 Tod der vier Kinder und der Mutter. Geburt des Sohnes Wilhelm.

1870 Feldprediger im Deutsch-Französischen Krieg.

1872 Bodelschwingh wird Vorsteher der Rheinisch-Westfälischen Epileptischenanstalt und des Diakonissenhauses in Bielefeld.
Geburt des Sohnes Gustav.

1873 Haus Bethel eingeweiht.

1874 Die Epileptischenanstalt bekommt offiziell den Namen Bethel.
Geburt der Tochter Frieda.

1875 Fertigstellung des Diakonissenmutterhauses Sarepta.

1877 Gründung der Diakonenbru-

derschaft Zoar, später Nazareth genannt.
Geburt des Sohnes Friedrich («Fritz»).

1882 Gründung der Arbeiterkolonie Wilhelmsdorf.

1884 Einweihung der Zionskirche.

1885 Streik in Bielefeld. Brandstiftung in Bethel. Gründung des Vereins Arbeiterheimstätte.

1886 Gründung der Deutsch-Ostafrikanischen Missionsgesellschaft in Berlin.

1890 Bodelschwingh tritt in den Vorstand der Evangelischen Missionsgesellschaft für Deutsch-Ostafrika ein. Entsendung von Diakonen und Diakonissen. Kandidatenkonvikt gegründet.

1894 Tod Ida von Bodelschwinghs.

1898 Erste Theologische Woche in Bethel.

1899 Schwere Erkrankung Bodelschwinghs.
Gründung der Tochterkolonie Freistatt im Diepholzer Moor.
Spendenkampagne «Brot für Steine».

1903 Wahl in den preußischen Landtag.

1904 Rede zur «Kanalvorlage». Gründung der «Irrenanstalt» Lutindi.

1905 Eröffnung der Theologischen Schule in Bethel.
Gründung der Arbeiterkolonie Hoffnungstal.

1906 Der Sitz der Missionsgesellschaft wird nach Bethel verlegt.
Bodelschwinghs jüngster Sohn Friedrich («Fritz») wird zum Stellvertreter des Vaters bestellt.

1907 Verabschiedung des preußischen Wanderarbeitsstättengesetzes.
Ausweitung der Mission auf Ruanda.

1909 Bodelschwingh erleidet einen Schlaganfall.

1910 Friedrich von Bodelschwingh stirbt am 2. April.

Zeugnisse

Ernst Senfft

Deine Anlage betreffend, so bist Du wirklich fast ein Genie, wo es der Auffassung praktischer Verhältnisse gilt […]. Dagegen fehlt Dir aller Halt, aller Grund und Boden, wo du dich auf das Gebiet der Abstraktionen begibst. […] Ich muß mithin meinen, daß Gott Dir in Deiner geistlichen Beanlagung keinen sonderlichen Fingerzeig oder besser gesagt Schubs zur Theologie gegeben hat. […] Umgekehrt aber warst Du von jeher ein eingebildeter Tropf, was Deine geistigen und Charakterleistungen anbetrifft, rücksichtslos, wo Deiner Individualität eine andere nahte; und diese Eigenschaften saßen keineswegs äußerlich, sondern waren tief innerlich in Dein Wesen verflochten und waren ein selbständiges Mitgift Deiner Natur, daher Du immer äußerlich als ein Muster an Bescheidenheit erscheinen konntest. Nun sieh zu, mit diesen Eigenschaften wagst Du es, Dich der Theologie zu widmen (den ursprünglichen Gedanken an die armen Heiden, die Du Tor bekehren willst, mag ich gar nicht berühren). Dazu gerechnet Deine völlige Impotenz und Unberechenbarkeit auf allen rein geistigen Gebieten, so kann ich die bis jetzt noch nicht entdeckten Sekten in vier Wochen nicht zu Papier bringen, deren Stifter und gefährlicher Verbreiter Du möglicherweise werden kannst […].
1856, in einem Brief an Friedrich von Bodelschwingh, zit. nach Gerhardt/Adam, Bodelschwingh, Bd. I, S. 175f.

Wilhelm von Hengstenberg

Es ist gewiß ganz unzweifelhaft, daß Friedrich in allem seinem treuen und eifrigen Wirken für das Reich des Herrn die Liebe des Herrn drängt und treibt, aber ebenso gewiß ist es mir auch, daß er den Impulsen seines frommen Gefühls zu rasch Folge leistet, gerne seine eigenen Wege geht und durch die nun schon langjährige Gewohnheit, sich frei auf den Gebieten seines Wirkens zu bewegen, verwöhnt, eine innere Scheu vor der Zucht hat, die festgeordnete Verhältnisse auf jeden üben, der berufsmäßig sich darin zu bewegen hat.
1870, in einem Brief an Karl von Bodelschwingh, zit. nach Gerhardt/Adam, Bodelschwingh, Bd. I, S. 497

Wilhelm Brandt

Mit der Sicherheit der Liebe hat er Wege gefunden, die zum Teil ganz modern anmuten und bis heute in vielen Fragen die richtige Richtung weisen. Er hat aus der Erkenntnis der Liebe heraus den Epileptischen und Geisteskranken eigenartig ernst genommen. Er hat ihn so ernst genommen, daß er ihm die Barmherzigkeit erwies, ihn verantwortlich zu machen, und er stand dann doch wieder überlegen fröhlich vor den Wunderlichkeiten und Eigenheiten seiner Kranken. Er hat den Gescheiterten so ernst genommen in seiner Liebe, daß er ihm die Barmherzigkeit erwies, ihn zu eigener Arbeit aufzurufen.
1931, in: Westfälische Lebensbilder, Bd. II, S. 162

Theodor Heuss

Das Bezwingende an Bodelschwingh war jene innere Freiheit, die ihn aller ständischen Bindung entwachsen ließ; mit der gleichen Sicherheit trat er in den höfischen Kreis wie zu den Sozialdemokraten […]. Er war, bei aller menschlichen Güte, kein bequemer Zeitgenosse, er wollte es auch nicht sein, ein unablässiger Dränger, der schroff sein konnte in dem unbedingten und rücksichtslosen Freimut seines Auftretens. Freilich, er besaß in dem Arsenal, mit dem er seine Feldzüge gegen verstockten Ego-

ismus und schematische Bürokratie bestritt, auch eine überraschende Waffe: einen überlegenen, einmal geistreichen, einmal zornigen Humor.
1947, in ders.: Deutsche Gestalten, S. 262

William O. Shanahan
Im Verlaufe eines Jahrzehnts war Bodelschwingh in weiten Kreisen der evangelisch-sozialen Bewegung bekannt geworden. Als vielleicht der einzige unter ihnen hatte er einen Schimmer von Heiligkeit an sich; die schlichte Beredsamkeit seines Lebens machte ihn zu einer der meistverehrten Gestalten im modernen deutschen Protestantismus.
1962, in ders.: Der deutsche Protestantismus vor der sozialen Frage, S. 439

Wolfgang Schweitzer
Gewiß war Bethel nicht etwa ein Stück des Reiches Gottes. Bodelschwingh wollte das nie behaupten. Aber war es nicht doch etwas Ähnliches wie ein kleiner Kirchenstaat, vielleicht ein «Pastorenstaat»? [...] Eine Organisation, die im Grunde sehr schlecht in die weitere Entwicklung paßte – so wie die Mischform des Bürgerlichen mit dem Feudalismus für die weitere Entwicklung der Gesellschaft in Deutschland eigentlich unzeitgemäß war. So gesehen ist es merkwürdig und wohl nur der Größe Bodelschwinghs zu verdanken, daß eine solche Gesellschaftsform wie ein Pastorenstaat überhaupt noch «gelungen» ist.
1981, in: Helmut Begemann (Hg.): Reden und Ansprachen aus Anlaß des 150. Geburtstages von Friedrich von Bodelschwingh, S. 23

Johannes Rau
Der totale Versorgungsstaat findet in Bodelschwingh keinen Vorläufer, wohl aber der soziale Rechtsstaat, der Menschen – und vor allem bestimmten Gruppen von Menschen – die realen Voraussetzungen zu menschenwürdigem Leben schafft. Menschen aus Objekten billiger, manchmal sentimentaler Barmherzigkeit zu Subjekten eigenverantwortlicher Lebensbewältigung zu machen – das war die Trendlinie der Sozialpolitik Friedrich von Bodelschwinghs. [...] Aber – und hier dürfte die Grenze dieses großartigen Einzelkämpfers liegen – er versuchte, wie alle Sozialkonservativen seiner Generation es taten, die soziale Frage von der Frage nach der politischen Mündigkeit abzukoppeln. Und hier stand eine Jahrhundertentwicklung gegen ihn.
1981, in: Helmut Begemann (Hg.): Reden und Ansprachen aus Anlaß des 150. Geburtstages von Friedrich von Bodelschwingh, S. 58

Hartmut Lehmann
Nur am Rande sei vermerkt, daß Bodelschwinghs Sendungsbewußtsein dazu führte, daß er trotz aller persönlichen Bescheidenheit und obwohl er nichts anderes als der erste Diener seiner Anstalten sein wollte, diese wie ein Patriarch lenkte. Wer wollte schon, wer konnte ihm denn widersprechen, zumal in seinen späteren Jahren? In zweierlei Hinsicht überragte Bodelschwingh allerdings die allermeisten seiner Zeitgenossen: Sein Mitgefühl kannte tatsächlich, so scheint es, keine Grenzen. Wo er helfen konnte, da half er auch. [...] Zum Mitgefühl, zu der sprichwörtlichen – und durch die Alliteration besonders einprägsamen – Kombination von Bodelschwingh, Bethel und Barmherzigkeit, kam dann aber auch die Unabhängigkeit seines Urteils. Zwar lag es [...] Bodelschwingh durchaus nicht, Hergebrachtes abzuschaffen, nur weil es alt war. Wenn er aber zu der Überzeugung gekommen war, neue Wege müßten beschritten werden, um ein bestimmtes Ziel zu erreichen, dann ließ er sich durch

Widerstände nicht vom Weg abbringen und versuchte oft über viele Jahre hinweg, sich diesem Ziel – und sei es auf kleinen Schritten – zu nähern.

1985, in: Martin Greschat (Hg.): Gestalten der Kirchengeschichte, Bd. 9/2, S. 257

«Wenn aber des Menschen Sohn kommen wird in seiner Herrlichkeit, und alle heiligen Engel mit ihm, dann wird er sitzen auf dem Stuhl seiner Herrlichkeit» (Matth. 25, 31). Bodelschwingh vor dem Jüngsten Gericht (Mitte) und als Sämann, der von der Epileptischenanstalt Bethel aus die Saat ausbringt (unten links), die dann vor dem Hintergrund des heiligen Berges mit dem Diakonissenmutterhaus Sarepta und der Zionskirche reiche Frucht trägt (unten rechts). Zeichnung im «Boten von Bethel» 1917, Nr. 91

Bibliographie

1. Bibliographien

Adam, Alfred: Friedrich von Bodelschwingh d. Ä. Schriftenverzeichnis 1872–1910. In: Ders. (Hg.): Friedrich von Bodelschwingh. Ausgewählte Schriften (= AS), Bd. 2, Bethel 1964/ND 1980, S. 663–697

Herrmann, Volker/Kaiser, Jochen-Christoph/Strohm, Theodor (Hg.): Bibliographie zur Geschichte der deutschen evangelischen Diakonie im 19. und 20. Jahrhundert, Stuttgart 1997

2. Werke (Auswahl)

Ausgewählte Schriften (= AS), hg. von Alfred Adam, Bd. I: Veröffentlichungen aus den Jahren 1858 bis 1871, Bethel 1955/ND 1980; Bd. II: Veröffentlichungen aus den Jahren 1872 bis 1910, Bethel 1964/ND 1980

Die evangelische Mission unter den Deutschen in Paris. In: Evangelisches Monatsblatt für Westfalen, Dezember 1858/Januar 1859 (auch in: AS, Bd. I, S. 7–19)

Aus dem Tagebuch eines Feldpredigers. In: Westfälischer Hausfreund, Juli – Oktober 1866 (auch in: AS, Bd. I, S. 234–283)

Von dem Leben und Sterben vier seliger Kinder. In: Westfälischer Hausfreund 14./21. Februar 1869/Schifflein Christi, März 1869 (auch in: AS, Bd. I, S. 477–501), als Broschüre: 24. Aufl. Bethel 1952

Aus dem Tagebuche eines Feldpredigers. In: Westfälischer Hausfreund, August–Dezember 1870 (auch in: AS, Bd. I, S. 618–670)

Erziehung der Schwestern zur Wahrhaftigkeit und zur Zucht in der Gemeinschaft und durch die Gemeinschaft (Vortrag auf der VI. General-Konferenz der Diakonissen-Mutterhäuser zu Kaiserswerth), Düsseldorf 1878 (auch in: AS, Bd. II, S. 28–41)

Über die öffentliche Fürsorge für Epileptische (Vortrag auf dem Armenpfleger-Kongress), Bielefeld 1883 (auch in: AS, Bd. II, S. 42–66)

Der Verein Arbeiterheim zu Bielefeld. Ein Beitrag zur Lösung der Arbeiterwohnungsfrage (Separatabdruck aus Schriften des Vereins für Socialpolitik; XXXIII), Leipzig 1886.

Christlicher Ratgeber für Epileptische, Bielefeld 1888 (auch in: AS, Bd. II, S. 67–82)

Was kann die freie christliche Liebestätigkeit zur Abhilfe des Wohnungselends in den großen Städten tun? (Vortrag, gehalten beim XXV. Kongress für Innere Mission zu Kassel), Kassel 1888

Der Kampf gegen die Vagabundennot, wie kann er siegreich zu Ende geführt werden? Ein Wort zur Verständigung in den Herbergs- und Verpflegungsstationsfragen, Bielefeld 1888

Mehr Luft, mehr Licht und eine ausreichend große eigene Scholle für den Arbeiterstand. Ein Beitrag zur Lösung der sozialen Frage (Vortrag, gehalten auf dem ersten Evangelisch-sozialen Kongress zu Berlin am 28. Mai 1890), Bielefeld 1890 (auch in: AS, Bd. II, S. 83–107)

Schwert und Kelle in Sachen der Evangelischen Missionsgesellschaft für Deutsch-Ostafrika. In: Nachrichten aus der ostafrikanischen Mission 5 (1891), S. 58–73 (auch in: AS, Bd. II, S. 187–203)

Ein Notschrei zu Gunsten einer Gesetzesvorlage zum Schutz der Wanderarmen (den Mitgliedern der gesetzgebenden Körper gewidmet), Bethel 1894

Dürfen christliche Anstalten und Missionsgesellschaften Schulden machen? Aus Anlaß falscher Ge-

rüchte über unsere hiesigen Anstalten niedergeschrieben, Bethel 1896 (auch: AS, Bd. II, S. 227–238)
Die Mitarbeit der Kirche an der Pflege der Geisteskranken, Bethel 1896 (auch in: AS, Bd. II, S. 239–274)
Das Diakonissen-Gelübde, Bielefeld 1900 (auch in: AS, Bd. II, S. 108–125)
Meinen lieben Brüdern von der Landstraße (Sonderabdruck aus der Neuen Christotherpe 1902), Halle a. d. Saale / Bremen 1901 (auch in: AS, Bd. II, S. 126–143)
Noch einmal meine Landtags-Kandidatur. In: Westfälische Zeitung, 31. 10. 1903 (auch in: AS, Bd. II, S. 162–169)
Wie kämpfen wir siegreich gegen die Jesuitengefahr?, Bethel 1904 (auch in: AS, Bd. II, S. 275–299)
Fünfzig Briefe an Schwestern, Bethel 1936

3. Briefe

Briefwechsel, Teil 1: Von 1852 bis 1860, Bethel 1966; Teil 2: Von 1860 bis 1883, Bethel 1966; Teil 3: Von 1883 bis 1888, Bethel 1967; Teil 4: Von 1888 bis 1889, Bethel 1968; Teil 5: Von 1890 bis 1891, Bethel 1968; Teil 6: Von 1891 bis 1893, Bethel 1969; Teil 7: Von 1893 bis 1894, Bethel 1970; Teil 8: 1894 bis 1895, Bethel 1971; Teil 9: 1895 bis 1896, Bethel 1973; Teil 10: Von 1897 bis 1901, Bethel 1973; Teil 11: Von 1902 bis 1907, Bethel 1974; Teil 12: Von 1907 bis 1910, Bethel 1974

4. Lebenszeugnisse

von Bodelschwingh, Friedrich [d. J.]: Worte von Vater Bodelschwingh, mit Bildern von Wilhelm Thiele, Bethel 1930
–: Aus einer hellen Kinderzeit. Pastor Fritz von Bodelschwingh erzählt, Bethel 1960 u. ö.
Burckhardt, Rudolf: Vater Bodelschwingh. Erinnerungen an sein Leben und Wirken, St. Gallen 1927
Trittelvitz, Walther: Nicht so langsam! Missionserinnerungen an Vater Bodelschwingh, Bethel 1929

5. Biographien

von Bodelschwingh, Friedrich [d. J.]: 1831–1910. Friedrich von Bodelschwingh. Ein Blick in sein Leben, Bethel 1921 u. ö.
von Bodelschwingh, Gustav: Friedrich von Bodelschwingh. Ein Lebensbild, Berlin 1922 u. ö.
Bradfield, Margaret: The Good Samaritan. The Life and Work of Friedrich von Bodelschwingh, London / Edinburgh 1960
Brandt, Wilhelm: Friedrich von Bodelschwingh. In: Westfälische Lebensbilder, Bd. II, Münster 1931, S. 142–163
–: Friedrich von Bodelschwingh (= Das Wagnis mit Gott; 1), Hamburg 1933 / ND Bethel 1984
–: Friedrich von Bodelschwingh. In: Rheinisch-westfälische Wirtschaftsbiographien, Bd. I, o. O. 1932, S. 449–467
Ellsel, Reinhard: Ein Leben aus Barmherzigkeit. Friedrich von Bodelschwingh (1831–1910), Bielefeld 2003
Funke, Alex: Friedrich von Bodelschwingh, der «Vater», Hamburg / Fribourg 1980
Gerhardt, Martin / Adam, Alfred: Friedrich von Bodelschwingh. Ein Lebensbild aus der deutschen Kirchengeschichte, Bd. I: Martin Gerhardt: Werden und Reifen, Bethel 1950 / ND 1980; Bd. II / 1: Martin Gerhardt: Das Werk, Bethel 1952 / ND 1980; Bd. II / 2: Alfred Adam: Das Werk, Bethel 1958 / ND 1980

Gramlich, Bernhard: Bodelschwingh, Bethel und die Barmherzigkeit, Gütersloh 1964
–: Friedrich von Bodelschwingh. Werk und Leben, Stuttgart 1981
Hellmann, Manfred: «… sonst sterben sie drüber». Perspektiven aus dem Leben des Friedrich von Bodelschwingh, Bethel 1983
–: «Es geht kein Mensch über die Erde, den Gott nicht liebt». Friedrich von Bodelschwingh d. Ä., Wuppertal / Zürich 1993
Heuss, Theodor: Friedrich von Bodelschwingh. In: Ders., Deutsche Gestalten. Studien zum 19. Jahrhundert, Stuttgart 1947, S. 257–262
Kaiser, Jochen-Christoph: Friedrich von Bodelschwingh. In: Religion in Geschichte und Gegenwart. Handwörterbuch für Theologie und Religionswissenschaft, Bd. I, 4. Aufl., Tübingen 1998, Sp. 1658–1660
Katterfeld, Anna: Die Stadt der Barmherzigkeit. Bilder aus Vater Bodelschwinghs Leben und Lebenswerk, Bad Blankenburg 1930 / ND Lahr-Dinglingen 1988
Kühne, Johannes: Friedrich von Bodelschwingh der Ältere, Osnabrück 1949
Lehmann, Hartmut: Friedrich von Bodelschwingh. In: Martin Greschat (Hg.), Gestalten der Kirchengeschichte, Bd. 9 / 2, Stuttgart u. a. 1985, S. 244–260
Merz, Georg: Friedrich von Bodelschwingh. In: Die großen Deutschen, hg. v. W. Andreas / W. v. Scholz, Bd. IV, Berlin 1936, S. 164–178
Pagel, Karl: Friedrich von Bodelschwingh (Vater). In: Gerhard Bosinski / Paul Toaspern (Hg.), Wer mir dienen will, Berlin 1978, S. 297–316
Pergande, Kurt: Bodelschwingh. Der Einsame von Bethel. Die Geschichte des Pastors von Bodelschwingh und seines großen Werkes, Stuttgart 1953 u. ö.
Rubatscher, Maria Veronika: Bodelschwingh. Genie der Liebe, Köln 1954
Senf, Ernst: Friedrich von Bodelschwingh. Ein Lebensbild für unsere Zeit (= Hefte der Besinnung; 10), Berlin 1948 u. ö.

6. Aufsatzsammlungen

Begemann, Helmut (Hg.): Reden und Ansprachen aus Anlaß des 150. Geburtstages von Friedrich von Bodelschwingh (Bethel-Heft 24), Bethel 1981
Benad, Matthias (Hg.): Friedrich von Bodelschwingh d. J. und die Betheler Anstalten. Frömmigkeit und Weltgestaltung, Stuttgart u. a. 1997
– (Hg.): Bethels Mission (1). Zwischen Epileptischenpflege und Heidenbekehrung, Bielefeld 2001
– / Winkler, Kerstin (Hg.): Bethels Mission (2). Bethel im Spannungsfeld von Erweckungsfrömmigkeit und öffentlicher Fürsorge, Bielefeld 2001
– / von Bülow, Vicco (Hg.): Bethels Mission (3). Mutterhaus, Mission und Pflege, Bielefeld 2003
– / Schmuhl, Hans-Walter (Hg.): Eckardtsheim. Bethels Kolonien in der Senne. Von der Gründung der Arbeiterkolonie Wilhelmsdorf bis zur Auflösung als Teilanstalt, 1882–2001, voraussichtlich Stuttgart 2005

7. Untersuchungen

Altena, Thorsten: Afrikanische Kinder in Bethel als Personifizierung des Missionsauftrages. In: Reinhard van Spankeren / Matthias Benad (Hg.), Traditionsabbruch, Wandlung, Kontinuitäten (= Diakonie Forum; 23), Münster 2000, S. 25–32
–: Missionare und einheimische Gesellschaft. Zur Kulturbegegnung

der Bethel-Mission in Deutsch-Ostafrika 1890–1916. In: Matthias Benad (Hg.), Bethels Mission (1), Bielefeld 2001, S. 1–74
–: Grenzüberschreitungen. Zum Beziehungsgeflecht von Innerer und Äußerer Mission in den Anfangsjahren der Bethel-Mission. In: Matthias Benad / Vicco von Bülow (Hg.), Bethels Mission (3), Bielefeld 2003, S. 147–170
Benad, Matthias: Frömmigkeit und Familie in Bethel, Sarepta und Nazareth. In: Hans Christoph Stoodt / Edmund Weber (Hg.), Inter Legem et Evangelium (= Theion. Jahrbuch für Religionskultur; 3), Frankfurt a. M. 1994, S. 9–28
–: Heilanstalt Bethel. Sterbefrömmigkeit im ‹Boten von Bethel› 1894–1900. In: Ders. / Edmund Weber (Hg.), Diakonie der Religionen 1. Studien zu Lehre und Praxis karitativen Handelns in der christlichen, buddhistischen, Hindu- und Sikh-Religion (= Theion. Jahrbuch für Religionskultur; 7), Frankfurt a. M. 1996, S. 39–48
–: Eine Stadt für die Barmherzigkeit. In: Ursula Röper / Carola Jüllig (Hg.), Die Macht der Nächstenliebe. Einhundertfünfzig Jahre Innere Mission und Diakonie, 1848–1998, o. O., o. J. [Berlin 1998], S. 122–129
Benad, Matthias: Seelenführung und charismatische Herrschaft bei Friedrich von Bodelschwingh dem Älteren. In: Ders. (Hg.), Annäherungen an das Heilige, Stuttgart u. a. 1999, S. 11–22
–: Anstalt als Gemeinde. Grundsätzliche Bemerkungen zu einem Selbstverständnis mit Folgen. In: Ders. / Kerstin Winkler (Hg.), Bethels Mission (2), Bielefeld 2001, S. 37–55
–: «Komme ich um, so komme ich um […]». Sterbelust und Arbeitslast in der Betheler Diakonissenfrömmigkeit. In: Jahrbuch für Westfälische Kirchengeschichte 97 (2002), S. 195–213
–: Der Leitungskonflikt im Betheler Mutterhaus Sarepta 1910–1912. Probleme einer (zu) groß gewordenen Diakonissenanstalt. In: Matthias Benad / Vicco von Bülow (Hg.), Bethels Mission (3), S. 89–146
Bollmeyer, Heiko: Nation und Protestantismus. Zu einem Wechselverhältnis bei Friedrich von Bodelschwingh (1831–1910). In: Jahrbuch für Westfälische Kirchengeschichte 97 (2002), S. 159–194
Borchers, Christiane: Die Diakonissenschaft Sareptas. Eine statistische Untersuchung zu den Probeschwestern, Hilfsschwestern und eingesegneten Schwestern der Westfälischen Diakonissenanstalt Sarepta in Bethel / Bielefeld. In: Matthias Benad (Hg.), Bethels Mission (1), Bielefeld 2001, S. 75–118
Lehmann, Hartmut: Friedrich von Bodelschwingh und das Sedanfest. Ein Beitrag zum nationalen Denken der politisch aktiven Richtung im deutschen Pietismus des 19. Jahrhunderts. In: Historische Zeitschrift 202 (1966), S. 542–573
–: Bodelschwingh und Bismarck. Christlich-konservative Sozialpolitik im Kaiserreich. In: Historische Zeitschrift 208 (1969), S. 607–626
Marholdt, Anke: Entwicklungen der Betheler Anstalten bis zum Beginn der dreißiger Jahre (1867–1933) im Spiegel der Publikationsorgane der Anstalten, insbesondere der Zeitschrift ‹Beth-El› und des Arbeitsberichts ‹Saat und Segen› von Fritz von Bodelschwingh (Abschlussarbeit am DWI), Heidelberg 1994
Menzel, Gustav: Seine große Freude. Friedrich von Bodelschwingh und die Mission, 1982
–: Die Bethel-Mission. Aus 100 Jahren Missionsgeschichte, Neukirchen-Vluyn 1986
Müller, Georg: Friedrich von Bodelschwingh und das Sedanfest. In: Geschichte in Wissenschaft und Unterricht 14 (1963), H. 2, S. 77–90

Pahmeyer, Ralf: Zwischen Erweckung, Liberalismus und konfessioneller Konkurrenz. Die Gründung der Westfälischen Diakonissenanstalt Sarepta. In: Matthias Benad/Vicco von Bülow (Hg.), Bethels Mission (3), Bielefeld 2003, S. 15–87

Rahe, Wilhelm: Bodelschwingh über den Bau einer evangelischen Kirche in Rom. In: Jahrbuch des Vereins für Westfälische Kirchengeschichte 63 (1970), S. 165–171

Rottschäfer, Ulrich: Friedrich von Bodelschwinghs Plan einer freien theologischen Fakultät. In: Jahrbuch für Westfälische Kirchengeschichte 75 (1982), S. 249–272

Scheffler, Jürgen: Die Anstalt Bethel und die «Brüder von der Landstraße». Anstalts-Diakonie und Wohlfahrtspflege am Beispiel der Wandererfürsorge. In: Matthias Benad/Kerstin Winkler (Hg.), Bethels Mission (2), Bielefeld 2001, S. 197–224

Schmuhl, Hans-Walter: Ärzte in der Anstalt Bethel 1870–1945, Bielefeld 1998

–: Ärzte in der Westfälischen Diakonissenanstalt Sarepta 1890–1970, Bielefeld 2001.

–: Die Bethel-Mission in Ruanda (1907–1916). Informelle Kolonialherrschaft, sakrales Königtum und christliche Mission. In: Matthias Benad (Hg.), Bethels Mission (1), Bielefeld 2001, S. 177–203

Shanahan, William O.: Der deutsche Protestantismus vor der sozialen Frage 1815–1871, München 1962

Stucke, Ingo: Bethel-Gemeinde und Bethel-Mission. Rückwirkungen und Einflüsse der Äußeren Mission auf die diakonische «corporate identity» Bethels 1906–1946. In: Matthias Benad/Vicco von Bülow (Hg.), Bethels Mission (3), Bielefeld 2003, S. 171–251

Stupperich, Robert: Bodelschwingh und Stoecker. Gemeinsame Ausrichtung – verschiedene Wege. In: Jahrbuch für Westfälische Kirchengeschichte 67 (1974), S. 89–111.

–: Der Konflikt zwischen Bismarck und Bodelschwingh. In: Jahrbuch für Westfälische Kirchengeschichte 88 (1994), S. 237–251

8. Wirkungsgeschichte

von Bodelschwingh, Friedrich [d. J.]: Saat und Segen in der Arbeit von Bethel. Ein Rückblick auf die Zeit seit dem Tod des Anstaltsvaters, 2. Aufl. Bethel 1932

Hildemann, Klaus D. (Hg.): Die Freie Wohlfahrtspflege. Ihre Entwicklung zwischen Auftrag und Markt, Leipzig 2004

Kaiser, Jochen-Christoph: Sozialer Protestantismus im 20. Jahrhundert. Beiträge zur Geschichte der Inneren Mission 1914–1945, München 1989

Röper, Ursula/Jüllig, Carola (Hg.): Die Macht der Nächstenliebe. Einhundertfünfzig Jahre Innere Mission und Diakonie, 1848–1998, o. O., o. J. [Berlin 1998]

Namenregister

Die kursiv gesetzten Zahlen bezeichnen die Abbildungen.

Über den Autor

Hans-Walter Schmuhl, 1957 in Oberhausen / Rheinland geboren, studierte Geschichte, Latein und Deutsch in Bochum und Bielefeld. 1986 wurde er mit einer Arbeit über «Rassenhygiene, Nationalsozialismus, Euthanasie. Von der Verhütung zur Vernichtung ‹lebensunwerten Lebens›, 1890–1945» (Göttingen 1987, 2. Auflage 1992) promoviert. 1995 habilitierte er sich mit einer Arbeit über «Die Herren der Stadt. Bürgerliche Eliten und städtische Selbstverwaltung in Nürnberg und Braunschweig vom 18. Jahrhundert bis 1918» (Gießen 1998). 1997–1999 Lehrstuhlvertretungen an den Universitäten Bielefeld und Halle-Wittenberg. 1999 Gastwissenschaftler im Forschungsprogramm «Geschichte der Kaiser-Wilhelm-Gesellschaft im Nationalsozialismus» in Berlin. 2005 außerplanmäßiger Professor an der Fakultät für Geschichtswissenschaft, Philosophie und Theologie der Universität Bielefeld. Forschungsschwerpunkte: Geschichte des Nationalsozialismus, vergleichende Genozidforschung, Psychiatriegeschichte, Diakoniegeschichte, Bürgertums- und Stadtgeschichte. Buchpublikationen u. a.: Ärzte in der Anstalt Bethel 1870–1945, Bielefeld 1998; Ärzte in der Westfälischen Diakonissenanstalt Sarepta 1890–1970, Bielefeld 2001; Evangelische Krankenhäuser und die Herausforderung der Moderne. 75 Jahre Deutscher Evangelischer Krankenhausverband (1926–2001), Leipzig 2002 (2. Aufl. 2003); Arbeitsmarktpolitik und Arbeitsverwaltung in Deutschland von 1871 bis 2002. Zwischen Fürsorge, Hoheit und Markt, Nürnberg 2003; Grenzüberschreitungen. Das Kaiser-Wilhelm-Institut für Anthropologie, menschliche Erblehre und Eugenik, 1927–1945, Göttingen 2005. Hans-Walter Schmuhl lebt als selbständiger Historiker (Agentur Zeit-Sprung) in Bielefeld.

Dank

Ich danke den v. Bodelschwinghschen Anstalten Bethel für die großzügige finanzielle Unterstützung dieses Buchprojekts. Ein besonderer Dank geht an Prof. Dr. Matthias Benad von der Kirchlichen Hochschule Bethel, der das Buch angeregt und seine Entstehung mit Rat und Tat begleitet hat. Wolf Kätzner sei für seine Hilfe bei der Archivrecherche ebenso herzlich gedankt wie den Mitarbeiterinnen und Mitarbeitern des Hauptarchivs Bethel. Bei Barbara Hoffmeister bedanke ich mich für das gründliche Lektorat. Für die anregenden Diskussionen über das Manuskript danke ich schließlich meiner Lebenspartnerin Dr. Regina Geitner.

Quellennachweis der Abbildungen

Stiftung Sarepta: Umschlagvorderseite (Vorlage Deutsches Historisches Museum, Berlin)
akg-images, Berlin: 15, 19, 32
Blumhardt-Forschungsstelle bei der Württembergischen Landesbibliothek Stuttgart: 35, 37
Aus: Werner Jäckh: Blumhardt. Vater und Sohn und ihre Welt. Stuttgart 1977: 36
Aus: David Jordan: Die Neuerschaffung von Paris. Baron Haussmann und seine Stadt. Frankfurt a. M. 1995: 44
Historische Sammlung Bethel im Haus Alt-Ebenezer: 84/85
Stadtarchiv Bielefeld: 93
Aus: «Der Bote von Bethel», 1917: 147
Alle anderen Abbildungen, auch die auf der Umschlagrückseite, wurden freundlicherweise vom Hauptarchiv Bethel zur Verfügung gestellt.

Trotz sorgfältiger Recherchen konnten nicht alle Rechteinhaber ermittelt werden. Der Verlag ist bereit, berechtigte Ansprüche in üblicher Weise abzugelten.

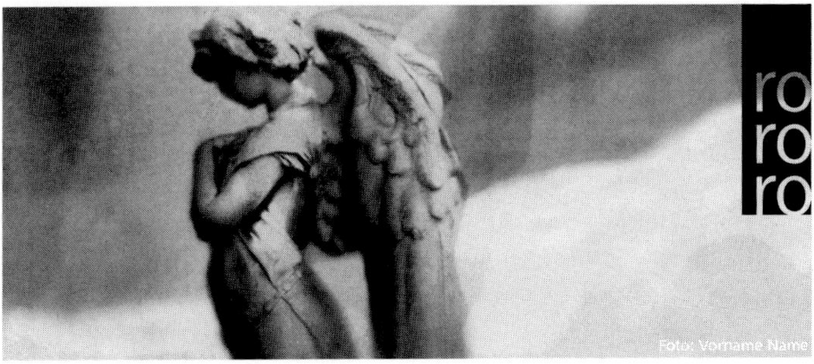

rowohlts monographien

Religion und Theologie

Albert Schweitzer
Harald Steffahn
3-499-50263-1

Dietrich Bonhoeffer
Eberhard Bethge
3-499-50236-4

Buddha
Volker Zotz
3-499-50477-4

Franz von Assisi
Veit-Jakobus Dieterich
3-499-50542-8

Jesus
David Flusser
3-499-50632-7

Maria
Alan Posener
3-499-50621-1

Martin Luther
Hanns Lilje
3-499-50098-1

Meister Eckhart
Gerhard Wehr
3-499-50376-X

Die Reformatoren
Veit-Jakobus Dieterich
3-499-50615-7
Jeder Reformator steht für eine Phase der rasanten Entwicklung zur Neuzeit. Ihre Lehren waren Ausdruck einer Endzeit, ihr Wirken legte das Fundament einer neuen Epoche.

3-499-50615-7

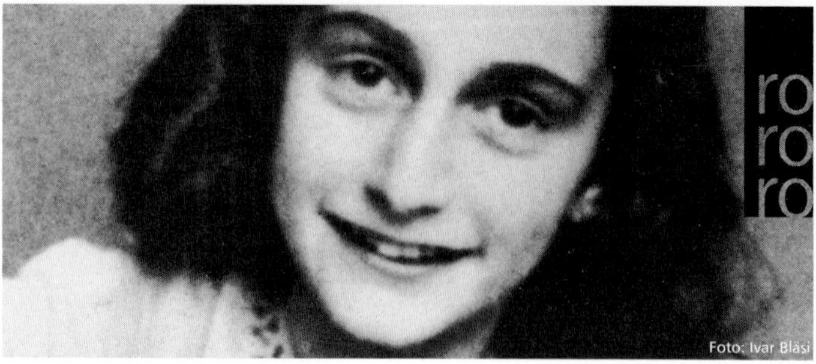

rowohlts monographien

Politik und Geschichte

Anne Frank
Matthias Heyl
3-499-50524-X

Kemal Atatürk
Bernd Rill
3-499-50346-8

Friedrich II. der Große
Georg Holmsten
3-499-50159-7

Mahatma Gandhi
Heimo Rau
3-499-50172-4

Adolf Hitler
Harald Steffahn
3-499-50316-6

Katharina die Große
Reinhold Neumann-Hoditz
3-499-50392-1

Marco Polo
Otto Emersleben
3-499-50473-1

Napoleon
André Maurois
3-499-50112-0

Willy Brandt
Carola Stern
Wie nur wenigen Politikern gelang es Willy Brandt, die Herzen der Menschen zu erobern. Unbestritten ist er einer der bedeutendsten Staatsmänner des 20. Jahrhunderts.

3-499-50576-2